Vie de la Mère Marie Madeleine (Julie Postel)

Fondatrice et première Supérieure des Sœurs de la Miséricorde des Écoles Chrétiennes :

par l'Abbé V. POSTEL,

Prélat de la Maison de Sa Sainteté,
Chanoine et Vicaire-général honoraire,
Docteur en Théologie,
Missionnaire apostolique.

Imprimerie de Saint-Augustin,
Desclée, De Brouwer et Cie,
BRUGES (BELGIQUE). — LILLE, RUE ROYALE 26.
MDCCCLXXXI.

VIE DE LA
MÈRE MARIE-MADELEINE.

En employant dans cet ouvrage les mots saint, sainte, miracle, prodige, *et autres semblables, nous déclarons, pour obéir au décret du souverain-pontife Urbain VIII, n'avoir voulu préjuger en rien les décisions de l'Église et du Saint-Siège, auxquelles nous restons absolument obéissant et soumis.*

Vie de la Mère Marie Madeleine (Julie Postel)

Fondatrice et première Supérieure
des Sœurs de la Miséricorde
des Écoles Chrétiennes :

par l'Abbé **V. POSTEL**,

Prélat de la Maison de Sa Sainteté,
Chanoine et Vicaire-général honoraire,
Docteur en Théologie,
Missionnaire apostolique.

Imprimerie de Saint-Augustin,
Desclée, De Brouwer et Cie.
BRUGES (BELGIQUE). — LILLE, Rue Royale 26.
MDCCCLXXXI.

NOTE. — Au moment où s'achève l'impression de cet opuscule, de nouveaux renseignements nous arrivent sur l'état présent de la congrégation des Sœurs de la Miséricorde des Écoles Chrétiennes.

Le nombre actuel des religieuses est bien plus considérable que nous ne l'avons dit : il atteint le chiffre de *douze cents*.

Aux établissements cités il en faut ajouter *deux* dans le diocèse de Clermont, *quatre* dans le diocèse d'Auch, *un* dans le diocèse de Luçon. A Toul (diocèse de Nancy), est une grande maison des Sœurs de Julie Postel, habitée par celles qui avaient porté à Munster la Congrégation, et qui ont dû s'exiler (elles sont allemandes) par suite de la persécution de M. de Bismarck.

En outre, au lieu de sept maisons, Paris en compte aujourd'hui *neuf* : à Montrouge, à Plaisance, à Issy, aux Batignolles, en ville.

Deux évêques ont entretenu le Saint-Père de la béatification de la vertueuse Fondatrice, et l'on s'en occupe à Rome et en France, à la suite des miracles accomplis au vénéré tombeau.

E *petit volume contient l'histoire d'une grande âme.*

On y verra à quelle hauteur d'abnégation, de dévouement et d'activité sainte s'élève un cœur fidèle aux inspirations de la grâce et possédé de l'amour du bien. C'est un spectacle fortifiant et consolant, dont notre temps a besoin, et qui lui vient d'ailleurs de l'un de ses enfants : car JULIE POSTEL, *l'héroïque fondatrice d'une congrégation bénie, appartient à ce siècle.*

On verra en même temps ici comment la Providence suscite toujours dans son Église, à l'heure nécessaire, les coopérateurs de l'œuvre évangélique et charitable qui est par excellence celle du Seigneur au milieu des hommes. Les saints n'ont pas plus fait défaut à notre temps qu'aux époques précédentes ; et en les contemplant nous pouvons nous écrier avec le prophète: Béni est l'instrument par lequel s'accomplit la justice. [1]

---

1. « Benedictum est lignum per quod fit justitia ». *Sagesse*, XIV, 7.

Cette histoire avait été déjà écrite, en abrégé, par Mgr Delamare, archevêque d'Auch, qui fut supérieur de la congrégation de la Miséricorde des Écoles Chrétiennes, et qui longtemps avait connu la Très-Honorée Mère Marie-Madeleine. [1] *Nous avons demandé à ce travail la plupart de nos renseignements : il n'y avait point pour nous de source plus respectable et plus authentique.*

NICE, 23 février 1881.

---

[1]. *Vie édifiante de la T.-H. Supérieure Marie-Madeleine.* Coutances, 1852, chez Daireaux. (Ouvrage complètement épuisé).

LIVRE PREMIER.

ENFANCE ET VOCATION.

Chapitre premier.

Naissance et premières années de Julie Postel.

OTRE *providence gouverne toute chose, ô Père ; par elle vous faites voir la puissance infinie qui vous appartient* [1]. Ces paroles du livre de la Sagesse, hymne touchante de la reconnaissance humaine, se justifient dans tous les événements de ce monde, mais plus particulièrement dans la conduite de DIEU à l'égard de son Église.

L'Église, la famille des élus, l'héritage de Notre-Seigneur, est en effet la grande-œuvre de la Providence; et il est vrai de dire que tout se rapporte à l'Église, et par elle à JÉSUS-CHRIST, et par JÉSUS-CHRIST à la divine TRINITÉ principe éternel et tout-puissant de ce

---

[1]. Tua, Pater, Providentia gubernat, ostendens quoniam potens es (*Sagesse*, XIV, 3).

qui est. Pour son Église DIEU est père, il est mère ; il l'entoure de la plus tendre vigilance Avec quelle sollicitude il l'enrichit, selon les temps, des pontifes, des saints, des apôtres, des défenseurs nécessaires, à l'encontre des persécutions, des affaissements, des besoins de toute sorte qui ne cessent de surgir !

Nos annales sacrées présentent à cet endroit une série de miracles ; ou plutôt elles ne sont qu'un miracle continué.

Ce miracle s'accomplit également envers chacun de nous. « La divine Providence ne se » relâche jamais, dit S. Ambroise ; de telle » sorte que, un bien quelconque survînt-il à » un homme en dehors de son attente, il n'arrive » point contre l'intention de la Providence, qui » embrasse tout [1]. » — « Oui, écrit à son tour S. Jérôme, la Providence de DIEU gouverne » toutes choses ; et souvent ce que vous prenez » pour un châtiment est un remède [2]. » Et ainsi les épreuves mêmes de l'Église sont œuvre de miséricorde envers elle, comme les nôtres propres nous conduisent au salut si nous savons les comprendre et les accepter.

---

[1]. Divina Providentia nunquàm cessat, sed semper est firma : ità ut, licèt aliquod bonum posset homini contingere præter ejus intentionem, non tamen præter DEI Providentiam, sub quâ omnia continentur (*De Infidelitate*, IX, sub fin.).

[2]. Providentiâ DEI omnia gubernantur, et quæ putatur pœna medicina est. (*In I Ezechielis*, 1).

Le Seigneur a créé dans le ciel des anges pour faire d'eux ses ministres auprès des hommes ; c'est ce que nous voyons pour ainsi dire à chaque page de l'Écriture. Bossuet en fait la remarque au sujet du livre mystérieux de l'Apocalypse. — « Nous y voyons, avant
» toute chose, dit-il, le ministère des anges. On
» les voit aller sans cesse du ciel à la terre ;
» ils portent, ils interprètent, ils exécutent les
» ordres de DIEU, et les ordres pour le salut
» comme les ordres pour le châtiment, puisqu'ils
» impriment la marque salutaire sur le front
» des élus de DIEU ; puisqu'ils atterrent le
» dragon qui voulait engloutir l'Église ; puis-
» qu'ils offrent sur l'autel d'or, qui est JÉSUS-
» CHRIST, les parfums, qui sont les prières des
» saints. Tout cela n'est autre chose que
» l'exécution de ce qui est dit (par S. Paul
» dans son épître aux Hébreux), que *les anges*
» *sont esprits administrateurs envoyés pour le*
» *ministère de notre salut.* Tous les anciens
» ont cru, dès les premiers siècles, que les
» anges s'entremettaient dans toutes les actions
» de l'Église : ils ont reconnu un ange qui
» présidait au baptême, un ange qui interve-
» nait dans l'oblation et la portait sur l'autel
» sublime, qui est JÉSUS-CHRIST, un ange,
» qu'on appelait *l'ange de l'oraison*, qui présen-
» tait à DIEU les vœux des fidèles... Les anciens,
» continue le grand évêque, étaient si touchés

» de ce ministère des anges, qu'Origène, rangé
» avec raison au nombre des théologiens les
» plus sublimes, invoque publiquement et
» directement l'ange du baptême, et lui recom-
» mande un vieillard qui allait devenir enfant de
» Jésus-Christ par ce sacrement [1]. »

Mais le Seigneur a aussi créé sur la terre, et ne cesse de produire tous les jours, des saints qui sont également les représentants les plus élevés et les serviteurs zélés de sa Providence. Après avoir triomphé de la vie d'ici-bas, admis dans les impérissables tabernacles, non-seulement ils sont associés à sa gloire, mais ils partagent l'empire du Sauveur ressuscité. « Jésus-Christ, poursuit Bossuet, les met sur
» son trône ; et comme il est dit de lui dans
» l'Apocalypse, conformément à la doctrine
» du psaume second, qu'*il gouvernera les*
» *nations avec un sceptre de fer*, lui-même, dans
» le même livre, il applique le même psaume
» et le même verset à ses saints, en assurant
» qu'en cela *il leur donne ce qu'il a reçu de son*
» *Père*. Ce qui montre que non-seulement ils
» se sont assis avec lui dans le jugement dernier,
» mais encore que dès à présent il les associe
» aux jugements qu'il exerce [2]. »

Oui, et même dès ce monde, durant le pèlerinage et le combat, ils sont les ministres de

---

[1]. Bossuet, *Explication de l'Apocalypse*, Préface, XXVII.
[2]. *Ibid.*, n°. XXVIII.

la Providence pour attirer les hommes à leur DIEU ; ils sont les anges visibles députés auprès de nos misères pour nous empêcher d'y périr, et nous apprendre à les faire fructifier. Par leurs pénitences et leurs expiations, unies à celles de JÉSUS-CHRIST, ils satisfont incessamment pour les iniquités de la terre et enrichissent le trésor sacré des indulgences; leurs œuvres de charité, d'apostolat, d'éducation, dilatent et réjouissent l'empire de l'Évangile ; ils sont l'image vivante et les témoins de la divine tendresse. On pourrait dire que leur existence tout entière est une sorte de verbe de DIEU présenté en action aux esprits indifférents, affaiblis ou distraits.

Ces considérations se sont imposées à nous en commençant le récit de la vie admirable d'une servante de Notre-Seigneur qui appartient à ce siècle, qui a vécu dans l'humilité, la pauvreté, l'épreuve et le travail, et qui, en mourant, laissait après elle une œuvre magnifique, source de dévouement et de salut pour d'innombrables âmes. Elle aussi a bien été un ange providentiel, en ces jours mauvais que nous traversons. On le verra dans la suite de cette histoire.

Au diocèse de Coutances, et à six lieues de Valognes, on rencontre le bourg de Barfleur, petit port de mer, aujourd'hui peuplé d'environ 1300 habitants. Ce port était connu dès le XIe siècle, et même avait sur la côte normande une certaine importance, puisque Edouard-le-Confesseur y équipa une flotte pour descendre en Angleterre et faire valoir ses droits à la couronne, après l'assassinat de son frère Elfred. Les fortifications de Barfleur furent démolies par Henri VI, vers la fin du XVIe siècle.

C'est là que naquit, le 28 novembre 1756, celle qui devait être *Sœur Marie-Madeleine*, institutrice et première supérieure-générale des *Sœurs des Ecoles Chrétiennes de la Miséricorde*. Elle avait pour père Jean Postel, et pour mère Thérèse Levalois, l'un et l'autre peu pourvus des biens de la fortune, jouissant néanmoins de quelque aisance, mais riches de traditions chrétiennes précieusement conservées. L'enfant reçut au baptême le nom de *Julie*. [1]

---

1. Le nom de *Postel* est assez répandu en Normandie, et paraît être fort ancien, car il est tiré du mot de basse latinité *Postellum*, « barrière, poteau ». Une vieille et noble famille de l'Eure, qui continue de le porter depuis des siècles, a donné à l'Église plusieurs prêtres. On trouve un ecclésiastique de ce nom dans l'établissement des Ursulines à Évreux, vers la fin du règne de Louis XIII. Les armes des Postel d'Évreux sont d'argent à trois trèfles de sinople, avec un poteau de gueules renversé, et pour devise : *A toute heurte toute appuye.* — Au XVIe siècle, *Guillaume Postel*, aussi de Normandie, se fait une grande illustration par sa science universelle. Il fut l'un des premiers professeurs du Collège de France, fondé par

Nous n'avons plus guère l'idée, grâce aux malheurs des temps, de ce qu'était alors une famille chrétienne ; et dans cette bonne province de Normandie toutes les familles, à peu près, l'étaient profondément. Le respect de Dieu et des choses divines amenait naturellement celui des parents, des supérieurs, de l'autorité dans toutes ses manifestations. Le salut de l'âme était le premier intérêt dont on parlait à l'enfant ; les vies des saints devenaient sa première et sa plus chère lecture ; on n'avait pas de plus grand bonheur que d'assister aux offices de l'église, de contribuer à l'ornement des autels ; l'instruction religieuse passait avant toute autre, et l'alphabet lui-même n'était récité

François Ier en 1530 ; il y occupait, en 1539, la chaire de mathématiques et de langues orientales. Il n'est point de la famille précédente. — A une lieue de Breteuil-sur-Iton (Eure), la petite chapelle du domaine des Minières de Beaubray renferme de vieux tombeaux remarquables, et un vitrail sur lequel un seigneur *Postel des Minières* est représenté avec huit garçons, plusieurs portant le costume ecclésiastique ; sa femme, à côté de lui, est entourée de huit filles, dont plusieurs religieuses. — Le nom de *Postel* est aussi répandu en Picardie. — La Belgique avait son immense et charitable abbaye de *Postel*, où les Prémontrés assistaient parfois, en un seul jour, jusqu'à quatre mille pauvres, et qui fut pillée, confisquée et détruite par la Révolution. — *Henri Postel*, jésuite, né dans le Hainaut en 1707, professeur de théologie, a composé et fait imprimer (Tournai, 1772, 2 vol. in 8) un ouvrage intitulé *L'Incrédule conduit à la religion par la démonstration*. En 1685, le doyen de la Faculté de Médecine de Caen est le docteur *Nicolas Postel*, dont quelques thèses furent publiées. —

qu'après un signe de croix : d'où le nom de *Croix-de-Dieu* donné au petit livre où il s'étudiait. On formait aussi les enfants à la visite des pauvres ; on leur inspirait pour le malheur et la souffrance des autres cette pieuse compassion qui, trouvant son principe dans la volonté de Dieu et dans la passion de Jésus, se faisait toujours active et efficace, et durait toute la vie.

On a dit, on répète, on croit, que le campagnard de ce temps était grossier, ignorant, dépourvu de sentiments élevés : la religion ne laisse tel aucun de ceux qu'elle illumine et qu'elle forme. Écoutons un écrivain estimé dépeignant l'un de ces vieux chrétiens. — « C'était, dit-il, un homme droit et simple ; mais il ne savait pas lire. A la place de cette science,

---

Dans les discussions auxquelles donna lieu, au commencement du siècle dernier, la Théologie de Habert docteur en Sorbonne, nous rencontrons deux brochures signées du docteur *Postel* (Paris, 1711, 1712). — A la même époque, en 1710, paraît à Amiens la vie édifiante d'un prêtre du pays par le *P. Pierre Postel*, de l'ordre des Prémontrés. — Enfin, le nom est aussi connu en Allemagne : témoin le poète *Chrétien-Henri Postel*, mort à Hambourg en 1705 ; témoin encore *Charles Postel*, littérateur allemand, mort en 1864, qui signa ses nombreux écrits du pseudonyme de *Sealsfield* ; son véritable nom ne fut dévoilé qu'à sa mort. Il était né en Moravie. — *Potel*, *Potel*, qui se trouve aussi fréquemment, est le même nom que *Postel*, l's ayant été supprimée par quelques familles, comme la grammaire l'a effacée dans *apôtre*, *épître*, etc., qui s'écrivaient autrefois *apostre*, *epistre*, etc.

Liv. I, Ch. I. — Premières années.

si vulgaire aujourd'hui, régnait dans ce temps-là un bon sens admirable, une probité à toute épreuve. Ce même homme, qui ne savait pas lire, possédait une science rare, une véritable instruction en matière religieuse. Rien de net, rien de pur et d'exact, comme ses notions sur tout ce qui tient à l'ordre surnaturel. L'instruction regagnait en profondeur ce qu'elle perdait en superficie ; on voyait bien que cette âme robuste s'était nourrie de réflexions, et non de vaines lectures ; qu'elle n'avait pas fourragé dans le champ de la science mondaine, mais mâché et digéré les saines leçons. Je défierais un théologien de parler avec plus de précision sur les dogmes, la morale ou la discipline du christianisme ; de fixer avec plus d'exactitude les objets des fêtes ou le sens des cérémonies catholiques; de mieux démêler le certain de l'incertain, le précepte du conseil, le permis de l'illicite. Sa mémoire était d'autant plus sûre qu'elle avait moins couru, le meilleur moyen de peu et de mal savoir étant de vouloir tout apprendre. La nécessité où il était de demander à ses souvenirs ce qu'il ne pouvait exiger de ses yeux l'avait exercé de bonne heure à retenir ce qu'il entendait [1]. »

Ce portrait était d'une application commune il y a un siècle, sauf la lecture, beaucoup plus

---

[1]. A. Devoille, *Mémoires d'une mère de famille* p. 25.

répandue, même dans les campagnes, qu'on ne semble le croire. Les documents les plus positifs établissent qu'alors lire et écrire étaient le don de la plupart des ouvriers et des cultivateurs : les histoires inspirées par la passion révolutionnaire ont menti sur ce point comme sur tant d'autres. L'Église avait établi et entretenait dans chaque paroisse des écoles, ordinairement gratuites, où l'enfant recevait une instruction amplement suffisante. Il est vrai qu'on y parlait, avant tout, de Dieu et des destinées éternelles ; l'homme n'y était point traité comme une simple machine à produit : et voilà pourquoi sans doute ces temps et ces écoles sont présentement si décriés par les pamphlétaires qui se sont constitués nos docteurs, et qui savent si peu ce qu'ils disent, ou peut-être ne le savent que trop alors qu'ils offensent de propos délibéré la vérité.

Les pères et les mères, éclairés par la foi, vivant d'elle, car elle était leur atmosphère, considéraient leur famille comme un dépôt dont ils auraient à rendre compte au Maître souverain. Combien l'éducation trouvait de grandeur dans cette élévation de vues ! Dès l'éveil de la raison l'enfant apprenait que la vie est un devoir, et non point une haletante poursuite des jouissances. En pensant et disant autrement, la génération venue après a vu s'amoindrir les cœurs et tomber les caractères.

Liv. I, Ch. I. — Premières années.

Julie Postel fut élevée dans ces sévères et vivifiants principes. Les premiers mots qu'elle apprit sur les genoux de sa mère furent les noms de JÉSUS et de Marie, et les saintes prières du chrétien. Son cœur s'y unit dès qu'elle les put comprendre. Et non-seulement elle faisait dévotement les prières ordinaires du matin et du soir (c'était l'usage encore de les réciter en commun dans les familles), mais souvent pendant le jour elle élevait son âme à DIEU, et goûtait une joie singulière dans ces entretiens de confiance et d'amour avec le bon Maître à qui elle devait un jour se sacrifier généreusement. Un attrait merveilleux la sollicitait du côté de la piété la plus tendre.

Tous ceux qui ont lu les histoires des saints ont été frappés de leur zèle à s'imposer des privations, même dans la première enfance, et à se pénétrer de l'esprit de sacrifice. Le christianisme, en effet, n'est-il pas éminemment dans la croix? n'exige-t-il pas l'immolation d'une nature sensuelle, rebelle, portée au vice, et dont on ne triomphe que par une ferme et persévérante violence? Le péché n'est-il pas toujours à expier, dans ce monde où il règne, et DIEU n'attend-il pas de ses serviteurs qu'ils continuent sur eux-mêmes la passion de JÉSUS-CHRIST? S. Paul appelait cela *accomplir ce qui manque au*

Calvaire [1] : c'est-à-dire qu'après avoir souffert dans son corps réel il doit souffrir aussi dans son corps mystique, qui est l'Église, afin que la rédemption soit plus abondante et plus complète. Les âmes de prédilection et d'élite ont comme un instinct surnaturel d'immolation. La petite Julie le ressentait déjà : elle aimait à se priver, à s'imposer des pénitences, à se contraindre, afin de mieux témoigner à DIEU qu'elle lui appartenait de tout son être.

Un jour qu'elle avait assisté à une instruction sur les motifs, le but et l'excellence du jeûne, et qu'on y avait rappelé les austérités des premiers chrétiens pendant le carême et aux veilles des fêtes, elle se sentit tout émue, et prit secrètement la résolution d'imiter, comme elle pourrait, de si beaux exemples. Le prédicateur avait loué en même temps la pratique de plusieurs communautés édifiantes, où la collation des jours de jeûne n'admet que deux onces de pain et un peu d'eau pour boisson. Julie, qui avait neuf ans, estima qu'elle serait assez forte pour en faire autant, et, formant elle-même de petites balances, se mit à peser les deux onces règlementaires qui devaient suffire à l'un de ses repas de carême. Ce n'est point le bon appétit qui manque à cet âge, et dans le climat

---

[1]. Gaudeo in passionibus..., et adimpleo ea quæ desunt passionum Christi in carne meâ (*Coloss.* I, 24).

froid de la Normandie : la naïve pénitente fut donc surprise de l'infime volume de son pain réduit à ce poids, et se consulta de nouveau pour s'assurer s'il y avait lieu de continuer l'expérience. Sa grande foi répondit oui, et elle se mit bravement à imiter les religieux dont la mortification la touchait. Elle eût poursuivi sans doute, si son confesseur, à qui en enfant docile elle avoua tout, ne lui avait interdit de pousser les choses aussi loin.

Elle eut cependant dès lors la dévotion du jeûne, qu'elle pratiqua régulièrement, aux jours marqués par l'Église, bien avant l'âge de vingt-et-un ans. Ces jours-là, émule des anciens chrétiens, elle ne faisait qu'un repas, et le plus chétif : soupe, pain sec et eau. Quand on débute ainsi, la grâce de Dieu accourt, et l'âme entre promptement dans l'empire qu'elle doit garder sur les sens.

Julie avait conçu une horreur profonde du péché. La pensée de l'offense de Dieu la consternait. Surtout, elle ne pouvait entendre sans frayeur et sans indignation les paroles grossières, les imprécations, les jurements, si communs, même à cette époque de foi, parmi les gens du peuple ; elle en ressentait comme un coup dans le cœur, comprenant bien que, ce genre de faute étant absolument gratuit puisqu'on n'y est conduit par aucun plaisir, par aucune séduction, le divin Maître le doit châtier sans miséricorde. Un jour, un épouvantable orage s'abattit sur Barfleur ; le ciel était sombre, la pluie tombait à torrents, le vent sifflait avec fureur, le tonnerre mugissait dans un fracas tel que les maisons tremblaient, tandis que les arbres paraissaient près d'être déracinés. Chacun était saisi de crainte ; seule, Julie montrait une joie inexplicable. — « Tu n'as donc pas peur ? » lui demandent ses parents. — « Non vraiment, répond-elle ; et au contraire j'éprouve du soulagement et de la joie : en ce moment du moins, DIEU n'est plus offensé par les blasphémateurs ; il n'en est pas un qui ose défier le Maître du tonnerre. Je voudrais qu'il tonnât toujours ! » — Parole admirable de foi et de charité, toute spontanée, et qui jette un jour parfait sur la hauteur de piété où s'élançait, poussée par la grâce, cette âme ardente, innocente et naïve.

Avons-nous à dire sa bonté pour les pauvres ? Cette marque est aussi celle du vrai chrétien, et l'une des premières. Elle est à elle seule, on peut le dire, une des démonstrations les plus évidentes et les plus solides de la divinité du christianisme. L'Évangile ne nous montre nulle part, avant la Pentecôte, les disciples du Seigneur occupés du soulagement des malheureux ; mais, à peine ont-ils reçu le SAINT-ESPRIT et constitué l'Église, qu'ils songent à ce devoir pressant de la loi nouvelle, et imposent les mains aux diacres en leur confiant le soin des indigents et des veuves. S. Paul, dans ses épîtres, revient fréquemment sur le même sujet. JÉSUS nous avait appris à aimer DIEU, il veut que *nous soyons parfaits comme il est parfait* (Matth v, 48) : et cette perfection conduit forcément à faire du bien aux hommes à l'exemple de la Providence, dont nous devenons les ministres.

L'antiquité, même la plus sage, la plus vertueuse, la philosophie la plus humaine et la plus douce, ne nous offrent rien dans cet esprit. Cela est fort remarquable. Chez les héros dont les histoires nous ont été conservées par Plutarque et Cornélius Népos, il y a bien souvent des qualités supérieures, de nobles actes, des pensées bonnes et louables, une bienveillance digne d'éloges, le pardon même des injures à telle heure : ce qu'on n'y découvre jamais, c'est la préoccupation du pauvre, le besoin de faire pour lui quelque chose, de créer des œuvres d'assistance ; encore moins de se dévouer de sa personne, de s'associer pour le soulagement de la misère, de visiter les malades, rechercher les affligés pour les consoler, veiller sur les orphelins et leur préparer un avenir ; point d'hôpitaux, d'asiles, de maisons de refuge. Chacun pour soi est la règle de vie. Notre-Seigneur prêche la charité divine, meurt lui-même pour les hommes : et aussitôt un abîme se creuse entre la dure société païenne et la société au tendre cœur qui va peupler le monde nouveau. Si l'esprit de sacrifice et d'expiation s'empare de toute nature que sollicite la perfection chrétienne, la charité envers les pauvres, immolation la plus méritoire et la plus certaine, en sort immédiatement, comme une fleur de sa tige.

Qu'on ouvre les annales du catholicisme ou les histoires des saints : partout, sans une exception, il est dit trois choses de ces disciples exemplaires de la foi : Ils priaient beaucoup, ils se mortifiaient, ils se donnaient aux pauvres. DIEU donc a passé par là.

De Julie Postel, l'enfant si jeune encore, nous disons à notre tour : elle priait, elle faisait pénitence, elle était l'amie des malheureux. La charité est féconde en industries, et tel chrétien hors d'état de distribuer des trésors d'argent ne marchande point celui de son cœur. Julie avait peu ; elle donnait pourtant beaucoup, car elle donnait son cœur, son temps, ses soins, ses affables paroles. Elle éprouvait un goût particulier pour l'instruction des enfants délaissés ; là paraissait être sa vocation, et ce ne fut point un indice trompeur, puisque DIEU la destinait à l'honneur d'être la fondatrice et la mère d'une nombreuse et zélée famille d'institutrices chrétiennes, comme on le verra par la suite.

Il n'est guère douteux, bien que nous manquions de renseignements précis, que dès cette époque Julie se sentit attirée à la vie parfaite et conçut le dessein de dire adieu au monde. Il ne lui fallut point une longue pratique de la vie pour en sonder les déceptions, les amertumes, toute l'inanité. La terre entière paraît peu de chose à qui s'est tourné vers Dieu et vers l'immensité du ciel. Ces pensées, en tout cas, seront bientôt les siennes d'une manière plus tranchée. Elle y correspond par une fidélité de jour en jour plus édifiante.

Chapitre second.

Premières œuvres de zèle.

JULIE Postel grandissait cependant, et s'affermissait dans le sérieux de la vie chrétienne. Sa première-communion donna à cette vertu déjà formée un caractère de gravité et de recueillement plus grand encore. Elle allait à l'école de la paroisse, dont elle était le modèle par sa docilité, son application, son respect envers les maîtresses. Ce qu'elle devait exiger plus tard de ses élèves, elle le pratiqua la première.

Comme elle manifestait de l'inclination pour l'étude, ses parents se résolurent à lui en ménager les moyens, et l'envoyèrent perfectionner son éducation chez les religieuses Bénédictines de Valognes, petite ville peu distante de Barfleur. On pensa même que sa vocation naissante pour la retraite pourrait s'y affermir, et qu'un jour elle y prendrait le voile.

L'ordre de S. Benoît est le plus ancien de l'Occident, et aussi le plus illustre par les saints et les grands hommes qu'il a produits dans toutes les branches de la science. L'admirable fondateur avait eu pour premier dessein la sanctification, par la pénitence, l'obéissance et la prière, des nombreux disciples qui vinrent, de tous les points de l'Italie, assiéger sa cellule du Mont-Cassin. Plus tard, lorsque les monastères se furent multipliés, et que les ravages de l'invasion barbare rendirent plus généraux et plus pressants les devoirs de charité de l'Église envers les peuples, l'ordre bénédictin agrandit son action, ouvrit des écoles, cultiva les lettres, défricha les terres, annonça la parole de DIEU. C'est du Mont-Cassin que S. Colomban apporta dans les Gaules, en Suisse et en Allemagne, la vie monastique.

Notre époque de petits hommes envieux et de petites choses solennelles fait la guerre à ces hautes et magnifiques créations du Catholicisme, qui dépassent sa taille et qui ont bravé les siècles. Elle devrait pourtant se souvenir que la civilisation et les lettres n'ont été sauvées que par les moines, et, de plus, qu'ils ont seuls représenté et servi la vraie démocratie dans les temps les plus durs de la féodalité. Chez les Bénédictins, il était entendu que la maison serait ouverte à tous : jeunes et vieux, riches ou pauvres, nobles ou roturiers, pouvaient demander leur admission dans l'ordre, en prenant l'engagement de se soumettre aux règles. Du reste, le travail y était tellement en honneur, la science si heureusement cultivée, que notre langue en a conservé cette double expression : *travail de bénédictin, savant comme un bénédictin.*

Sainte Scolastique, sœur de S. Benoît, est regardée comme la fondatrice des Bénédictines. Elle vivait non loin de son frère, au pied du Mont-Cassin. Les Bénédictines arrivèrent en France vers 544. Ce fut Ste Radegonde, femme de Clotaire Ier, qui leur fit bâtir un monastère à Poitiers ; le second fut construit à Chelles près Paris, en 670, par Ste Bathilde, veuve de Clovis II. Deux siècles après, il y en avait de toutes parts. La Normandie en eut de célèbres, notamment celui de la Trinité à Caen, fondé en 1060 par la reine Mathilde femme de Guillaume-le-Conquérant, et qui y fut inhumée en 1083, au milieu de la basilique.

Au fond du cœur, Julie avait vraiment formé la résolution d'être religieuse ; il paraît même qu'elle s'y était engagée secrètement par vœu. Elle fut donc heureuse d'entrer comme élève dans un monastère, et s'y acquitta avec sa fidélité habituelle de ses nouveaux devoirs. D'une santé chétive, il semblait qu'elle dût renoncer à la vie pénitente des cloîtres, et ses parents commencèrent à le penser. Elle n'en jugea point ainsi, toutefois, et s'attacha plus étroitement à sa vocation, sans égard à la faiblesse de sa constitution, assurément trompeuse, puisque Julie était destinée à atteindre une extrême vieillesse. On a justement remarqué que les plus grandes choses, dans l'Église, ont été accomplies par de frêles tempéraments : comme si Dieu voulait faire connaître que lui seul agit dans ses élus. « *Le Seigneur*, dit S. Paul, *a choisi ce qu'il y a de plus faible dans le monde, afin d'humilier ce qui passe pour être fort ; il a choisi ce que le monde méprise, ce qui n'est rien, afin d'anéantir ce qui est: de manière à ce que nul homme ne s'exalte devant lui* [1]. »

Pour une âme comme celle de la nouvelle pensionnaire, les sévérités de la règle n'avaient rien d'effrayant ; elle s'était habituée à la pensée du sacrifice entier, elle voulait l'immolation, et, en songeant à quitter le monde, n'en rien retenir. Les vocations élevées et sérieuses, celles qui doivent procurer la gloire de Dieu et l'édification du prochain, ont toutes ce caractère de fervent renoncement. Et ce fut précisément ce qui empêcha Julie Postel d'attacher son avenir religieux à la communauté de Valognes. Pénétrée de reconnaissance pour les soins dont elle était l'objet de la part des Mères, elle n'en remarquait pas moins certains adoucissements apportés à la rigueur des anciennes observances, au point de vue de la

---

[1]. Infirma mundi elegit Deus, ut confundat fortia ; et ignobilia mundi et contemptibilia elegit Deus, et ea quæ non sunt, ut ea quæ sunt destrueret : ut non glorietur omnis caro in conspectu ejus (*I Corinth*. I, 27-29).

pauvreté surtout ; elle aspirait à se mortifier davantage. « J'aimerais, disait-elle, des religieuses qui n'auraient d'autres rentes que leurs dix doigts, et qui observeraient la pauvreté par contrainte et nécessité autant que par vœu ». Du reste, l'œuvre de l'éducation des jeunes filles l'attirait ; elle croyait y être appelée. Pauvreté, instruction des enfants, deviendront son lot ; et, puisqu'il lui faut le dénûment, la Providence le lui donnera.

Ce n'est point, au surplus, qu'il soit interdit à une famille religieuse de posséder ; ni l'essence des choses ni la volonté de l'Église ne réclament cette absolue prohibition ; mais il est des âmes dont le vol s'élève plus haut, à qui pèsent davantage les moindres attaches à la terre, et qui ne se sentent jamais plus à l'aise et plus fortes que dans le dépouillement sans réserve. Julie fut une de ces âmes ; elle aspira au plus parfait, à un âge où d'ordinaire on en comprend à peine la notion.

Elle avait environ dix-huit ans lorsqu'elle rentra auprès de son père et de sa mère, heureux de la retrouver aussi vertueuse, et bénissant Dieu de leur avoir donné ce trésor. On était en 1774.

Qu'allait-elle faire maintenant ? Il ne semble pas qu'elle ait songé encore à chercher un ordre religieux pour y faire profession ; du moins elle n'exécuta pas ce projet si elle l'avait formé au fond du cœur. La passion de faire du bien, de se rendre utile au prochain, de contribuer à gagner des serviteurs à JÉSUS-CHRIST, la conduisit à établir elle-même une école dans son bourg natal, et même un pensionnat, car elle reçut des internes. C'étaient surtout des orphelines et des pauvres qu'elle désirait voir autour d'elle. Avec ce troupeau des humbles et des délaissés de ce monde, elle n'aurait point à craindre les fumées de l'orgueil ou les calculs de l'intérêt, elle suivrait de plus près les exemples du Fils de DIEU, elle se renoncerait plus complètement ; un tel apostolat devait réjouir le cœur du divin Maître, et lui attirerait de plus précieuses bénédictions. Ainsi raisonne non pas la chair mais la charité des saints. On n'eut pas plus tôt connu, dans Barfleur, les intentions de la pieuse institutrice, que les enfants accoururent, et avec d'autant plus d'empressement qu'il ne s'agissait pas d'une éducation supérieure, inutile et parfois dangereuse dans certaines conditions, mais d'une instruction commune, pratique, simple et solide, telle qu'il la faut à des mères de famille de la classe ouvrière ou agricole. Laissons ici parler son premier historien.

Bientôt, dit-il, on vit se grouper autour de Julie Postel une jeunesse nombreuse. Sa capacité remarquable, son zèle d'une ardeur soutenue, sa douceur angélique, sa fermeté qui répudia constamment toute peine afflictive, son rare discernement des caractères et surtout son amour vraiment maternel pour l'enfance, firent chérir la maîtresse et déterminèrent des progrès étonnants. — « Vous devriez, lui disaient ses élèves, demander au Bon Dieu de doubler la longueur des jours, tant avec vous nous les trouvons courts ! » L'instruction religieuse et les ouvrages utiles étaient le principal objet de sa sollicitude. Les jeunes personnes, pauvres ou riches, devenaient, sous sa patiente et habile direction, adroites, actives, infatigables. Sans blâmer les âmes contemplatives, qui ont, elles aussi, une vocation, elle se sentait appelée à unir, comme la Mère du Sauveur, les vertus de Marthe à celles de Marie. Elle ne cessait de s'élever contre certaines personnes, engagées dans le monde, qui cachent leur paresse sous le voile de la piété, et qui font blasphémer leurs maris parce qu'elles laissent tout en désordre dans leur ménage pour se livrer à de longues et capricieuses dévotions. Elle voulait que l'épouse fût, par l'utilité, la constance et la variété de ses travaux, l'exemple, la richesse et l'agrément de sa maison.

Elle voulait que les doigts louassent Dieu à leur manière, aussi bien que la langue ; que l'occupation continuelle devînt une prière incessante, par l'esprit de sacrifice et d'union à Dieu, par de courtes mais chaleureuses oraisons jaculatoires. Elle inspirait cette vie de la foi aux jeunes personnes dont elle présidait les travaux manuels. La suave gaîté, l'immuable uniformité de son caractère, l'inépuisable variété de ses mots édifiants, de pieux cantiques, et aussi des couplets qu'elle savait improviser dans l'occasion, communiquaient ses sentiments et son énergique courage à son cher troupeau. Croirait-on qu'elle avait la pieuse industrie de hâter l'accomplissement de la tâche du moment en donnant comme récompense, à l'élève qui aurait fini la première, de s'écrier par exemple : *Vive* JÉSUS *dans nos cœurs!* et toutes les autres de répondre : *A jamais!* Que de bonnes mères de famille lui ont dû, après DIEU, leur capacité, leur amour du travail, leurs vertus, et le respect public dont elles ont été entourées ! Qui a contribué autant que Julie Postel à perpétuer, dans le religieux pays qu'elle habitait, ce beau type de familles vraiment patriarcales qu'on y admire encore ? Aussi, quoiqu'elle ait quitté cette contrée depuis un demi-siècle, son souvenir et sa réputation de sainteté y sont demeurés ineffaçables [1].

Ses élèves proclamaient à l'envi qu'elle fut une véritable sainte; que ce titre lui était donné par tout le monde quand on la voyait passer; que

---

[1]. Ceci était écrit en 1852. *Vie édifiante de Julie Postel,* par M. l'abbé Delamare ; p. 5. (Coutances, chez Daireaux, 1852).

le ton avec lequel elle parlait de Dieu, l'accent de sa voix dans le chant des cantiques, surtout le jour de la Première-Communion, avaient quelque chose de pénétrant et de céleste; qu'il leur en était resté un précieux et toujours vivant souvenir. « Elle ne tenait point à la terre, écrit l'une d'elles; elle vivait plutôt déjà dans le ciel».

La grâce produisait ses miracles ordinaires en un cœur aussi large, aussi tendre, aussi digne de travailler au royaume de Dieu.

Chapitre troisième.
Principes d'éducation.

IL serait peut-être singulier de demander à une si jeune et humble maîtresse des lumières sur ce grand sujet de l'éducation de la jeunesse, qui préoccupa de tout temps les plus illustres esprits, si l'on oubliait ce que nous venons de dire: que Julie Postel agissait sous les clartés de la foi, s'inspirait des hautes pensées chrétiennes, obéissait à un cœur magnanime, et finalement s'est armée d'une expérience qui a le droit de se faire entendre. Elle a réussi dans son œuvre : il convient donc de lui demander par quels moyens.

On n'aura pas été sans remarquer qu'elle répudia toujours le châtiment matériel, la peine afflictive. C'était comme une innovation, à cette époque, où les punitions florissaient dans les meilleures écoles, dans les collèges les plus estimés, comme au sein des familles [1]. Certes on ne saurait disconvenir qu'il est des cas où ce genre de répression s'impose, des caractères et des tempéraments auprès de qui l'on ne peut rien sans elle; mais le principe est-il bon

---

[1]. Voir, entre autres, les *Mémoires de Marmontel*, édition de M. l'abbé Foulon (Paris, Plon, 1847).

de sa nature? est-il, en toute hypothèse, le meilleur? Sur ce dernier point, il nous semble que non. De nos jours, où l'on ne sait aller qu'aux extrêmes, on a supprimé presque partout ce qui avait été jusque-là regardé comme indispensable; et cela sous le prétexte d'élever les esprits au sentiment de leur dignité, et de les conduire par la seule raison. La raison toute seule maintient rarement dans le devoir un homme fait : comment aurait-elle cette action sur l'enfant, qui pendant des années ne vivra guère que par les sens? A-t-on gagné, à ce système, ce qu'on y cherchait? L'abaissement général des caractères, la nullité des personnages, est un des faits les plus apparents de notre siècle, et assurément le moins honorable. C'est qu'on a péché par excès et par déplacement. L'excès a été de tout supprimer, le déplacement de chercher la vraie force là où elle n'est point, c'est-à-dire dans la raison seule.

Qu'on nous parle de crainte de Dieu, de responsabilité devant la conscience, de fidélité aux promesses faites à Jésus-Christ dans la prière, dans les sacrements, nous voici en présence d'une tout autre force : sur ce terrain, les punitions corporelles peuvent être abolies, du moins comme application journalière; la religion maintient l'ordre, la soumission, le travail, le respect, en un mot la discipline; elle prévient au lieu de réprimer, ce qui est toujours incomparablement préférable. Mais qu'on use des seuls arguments de convenance humaine, qu'auprès de l'enfant on arguë des intérêts de son avenir temporel, de telles armes sont insuffisantes ; la répression délaissée ne sera qu'un abandon du devoir chez le maître, au détriment de l'élève. Les seuls établissements chrétiens sont en position de s'adresser au cœur de la jeunesse et de s'en faire entendre, ainsi que le réalisa notre pieuse institutrice, et que l'ont fait, depuis, plusieurs maisons d'éducation [1].

« L'éducation, dit Rollin, est une maîtresse douce et insinuante, ennemie de la violence et de la contrainte, qui aime à n'agir que par persuasion, qui s'applique à faire goûter ses instructions en parlant toujours raison et vérité, et qui ne tend qu'à rendre la vertu plus facile, en la rendant plus aimable [2]. »

Rollin parle comme chrétien et comme prêtre ; il avait pour lui l'expérience de toute sa vie. Il continue, un peu plus loin, en exigeant du maître une grande autorité, du disciple un respect parfait. « Ce respect, dit-il, renferme

---

[1]. Consulter un charmant et bel ouvrage, *Souvenirs de Saint-Nicolas*, par M. A. Morillon (Paris, Lecoffre, 1859) ; ch. 6e, 7e et 8e. *Saint-Nicolas* était le Petit-Séminaire de Paris, dirigé alors par le plus illustre des maîtres de ce siècle, Mgr Dupanloup.

[2]. *Traité des Études,* livre VIe, art. 1er.

deux choses : la crainte et l'amour, qui se prêtent un secours mutuel, et qui sont les deux grands mobiles, les deux grands ressorts de tout gouvernement en général, et en particulier de la conduite des enfants. Comme ils sont dans un âge où la raison n'est pas encore bien développée loin d'être dominante, ils ont besoin que la crainte vienne quelquefois à son secours et prenne sa place. Mais, si elle est seule, elle n'est pas longtemps écoutée. »

Alléguez Dieu à cet enfant, montrez-lui l'œil du Juge ouvert sur lui, et, tout en surveillant sa légèreté, son inconstance naturelle, vous pouvez avoir confiance en lui. Des punitions sévères ne feront jamais ce que produira comme naturellement une pensée de piété, une vue de religion.

Julie Postel, éclairée par sa grande foi, l'avait compris dès le début de sa vocation auprès des enfants, et elle n'eut point à se repentir de l'adoption de cette méthode.

La base de ses leçons c'étaient les principes chrétiens, l'autorité du devoir chrétien. C'est pourquoi avant tout elle s'occupait de donner une forte instruction religieuse. Les réformateurs contemporains, esclaves de l'amoindrissement intellectuel de notre temps, s'appliquent à faire dans l'éducation la plus petite place possible à la religion; quelques-uns vont même jusqu'à demander que l'étude en soit prohibée dans les écoles, pour ne plus regarder que les ministres du culte. C'est ordonner au corps de se dégager de l'âme, de ne l'écouter qu'à certaines heures et en courant, dans des intérêts d'ordre minime; en d'autres termes, méconnaître la vraie nature humaine. N'est-ce pas l'âme, avant tout, que l'éducation vise et atteint? et comment, dès lors, négliger ce qui est sa vie essentielle, ce qui la rattache à Dieu? Ainsi feraient des utopistes qui interdiraient de parler à un enfant de raisonnement quelconque hors de la classe de philosophie, d'orthographe hors de l'heure qui lui est dévolue dans le règlement, de maintien convenable hors du cours de politesse.

Ecarter l'instruction religieuse des programmes de l'école, c'est folie, c'est homicide; la parquer dans un moment déterminé de la semaine ou du jour, c'est n'y rien comprendre. La religion n'est point comme un cours de mathématiques, de dessin ou de littérature, qui ne s'adresse qu'aux facultés intellectuelles : elle enveloppe l'homme tout entier, elle préside à tout son être moral, elle est sa respiration même, la respiration qui doit fonctionner toujours, sous peine de mort. On accorde à l'enfant des heures de récréation, de délassement et de grand air; mais allez donc interdire à ses poumons, en dehors de ces instants particuliers, leur jeu naturel et nécessaire ! La religion n'est point une leçon spéculative, de pure théorie ; encore une fois, c'est tout l'être moral : elle doit donc être partout, présider à tout, remplir tout. Elle seule communique à l'enfant sa dignité, parce que seule elle fait de lui un homme, dans la haute signification du mot.

De-là une différence essentielle entre *éducation* et *instruction*. Un savant n'est pas pour cela un homme *élevé*.

Parlant au nom de l'ancienne Université de Paris, différente de l'Université de nos jours, Rollin exprime cette règle : « Le but de tous
» nos travaux, la fin de toutes nos instructions,
» doit être la religion. Quoique nous n'en
» parlions pas toujours, nous devons l'avoir
» toujours dans l'esprit, et ne l'a perdre jamais
» de vue. Pour peu qu'on soit attentif aux
» anciens règlements de l'Université à l'égard
» des maîtres et des écoliers, aux différentes
» prières et aux solennités qu'elle a ordonnées
» dans chaque saison de l'année, aux jours
» fixes et marqués où elle fait interrompre les
» études publiques pour laisser le temps de se
» mieux disposer à la célébration des grandes
» fêtes et à la réception des sacrements, il est
» aisé de reconnaître que l'intention de cette
» pieuse mère est de consacrer et de sanctifier
» les études des jeunes gens par la religion, et

» qu'elle ne les porte si longtemps dans son sein que pour les enfanter de nouveau à Jésus-Christ [1]. »

Non-seulement la religion est le premier et le plus important des moyens d'éducation, elle est le but même de toute l'éducation, son commencement et sa fin : car elle est le rapport essentiel de l'homme avec Dieu, c'est-à-dire tout l'homme, qui sans Dieu n'est rien [2].

Le troisième point que nous avons remarqué dans la direction de Julie Postel, c'est l'attention à faire offrir au Bon Dieu, par ses élèves, leurs études, leurs travaux, tous les instants de leur journée. Rien n'est plus digne de l'être raisonnable ; il s'y grandit, s'y ennoblit. Mettre ainsi la Divinité en tête de ses actions, n'est-ce pas s'élever soi-même jusqu'à elle, se transformer sous son regard, attirer sur soi toute sa tendresse ? Les lumières de la foi font entendre

---

[1]. *Traité des Études*, Disc. prélimin., Ire partie (3e objet de l'instruct.).

[2]. M. Renan a publié, dans la *Revue des Deux-Mondes*, une série d'articles sur les premières années de sa vie, qu'il intitule *Souvenirs d'enfance et de jeunesse*. Au milieu d'une foule d'appréciations fausses et perfides, nous relevons cet aveu sur la profonde honnêteté de ses maîtres. Cette page est toute de circonstance. — « Je reçus mon éducation dans un petit collège d'excellents prêtres, qui m'apprirent le latin à l'ancienne manière. Ces dignes ecclésiastiques étaient les hommes les plus respectables du monde. Sans rien de ce qu'on appelle maintenant pédagogie, ils pratiquaient la

ces profondes doctrines, dont l'homme charnel et vulgaire n'a pas même le soupçon. Le travail, sans elles, n'est qu'une humiliation : avec elles, il devient une gloire, une royauté ; un acte libre, aimé, au lieu d'une servitude. Par-là, l'enfant conçoit de bonne heure l'exacte notion de la vie, qui est un devoir, non une jouissance ; une épreuve, non une couronne ; où la pensée dominante sera d'accomplir des choses justes et utiles. Par-là, l'enfant acquerra tout à la fois la noblesse et la fermeté du caractère, car c'est pour DIEU qu'il agit, non par crainte d'un œil humain : dès lors les difficultés ne lui seront qu'un sujet de sainte émulation, et, agissant à ces hauteurs, il lui sera comme impossible de ne pas se respecter lui-même.

Au regard de la piété, que de mérites acquis! que de grâces obtenues, et spécialement celle de ce recueillement habituel, facile, sans lequel toute vertu est sans garantie et sans consistance! que de bénédictions attirées sur la famille, sur l'école, sur le pensionnat !

---

première règle de l'éducation, qui est de ne pas trop faciliter des exercices dont le but est la difficulté vaincue. Ils cherchaient par-dessus tout à former d'honnêtes gens. Leurs leçons de bonté et de moralité, qui me semblaient la dictée même du cœur et de la vertu, étaient inséparables du dogme qu'ils enseignaient. *Le fait est que ce qu'on dit des mœurs cléricales est, selon mon expérience, dénué de tout fondement. J'ai passé treize ans de ma vie entre les mains des prêtres, je n'ai pas vu l'ombre d'un scandale.* JE N'AI CONNU QUE DE BONS PRÊTRES. »

C'est bien là aussi l'inspiration et le besoin de quiconque sert Dieu par amour, cette unique félicité de la vie. « Donc, sécrie le P. Faber,
» puisqu'il faut que nous soyons chrétiens, je
» suis pour le christianisme qui rend heureux.
» Je ne vois point l'utilité de m'imposer l'oné-
» reux, si Dieu me laisse le choix. Mais le
» Seigneur fait plus : il désire que ma religion
» me rende heureux : oui, il veut que la religion
» soit le soleil qui réjouisse ma vie. Or, une
» religion, pour rendre heureux, doit être une
» religion d'amour. L'amour rend tout facile.
» Ainsi, mon bonheur ne dépend que de Jésus.
» — Je trouve dans ma religion le bonheur de
» la journée. — Si servir Jésus par amour
» était quelque chose de difficile, quelque chose
» de prodigieux, comme la contemplation des
» saints ou leurs austérités, le cas serait diffé-
» rent ; mais il n'en est point ainsi. Servir Dieu
» parce que vous avez peur d'aller en enfer, et
» parce que vous désirez de parvenir au ciel,
» c'est un grand bonheur sans doute et une
» œuvre surnaturelle ; mais c'est difficile. Tan-
» dis qu'il est si doux de servir Dieu par amour,
» qu'on s'explique avec peine comment tant
» d'hommes dans le monde négligent de le faire.
» Pauvres âmes, aveugles jusqu'au prodige ! [1] »

---

1. *Esprit du P. Faber* (Bray et Retaux, 1873).

Chapitre quatrième.
Les désastres de la Révolution.

PENDANT que Julie Postel se dévouait ainsi à élever les jeunes âmes que la confiance des familles lui envoyait, l'épouvantable catastrophe de la Révolution se précipitait sur la France.

Il est, dans l'histoire, des époques où la colère divine secoue les nations coupables, tout à la fois pour les rappeler à elles-mêmes, montrer le néant de la sagesse purement humaine, et faire éclater des vertus héroïques qui, unies au sang de JÉSUS-CHRIST, deviennent la rédemption des peuples. Les souffrances des justes sont alors aussi l'expiation agréée, la leçon vivante et féconde, l'atmosphère saine et fortifiante où tout doit se retremper, se corriger, se renouveler ; en même temps que les vices des méchants, plus effrontément étalés dans leur victoire d'un jour, inspirent une plus efficace répulsion à la génération qui les subit. DIEU semble, pour un temps, se retirer de ceux mêmes qui l'invoquent, qui crient vers lui dans l'angoisse ; mais jamais il ne fut plus près de ces âmes, dont il contemple avec amour la persévérance et la fermeté. *Je suis avec elles dans la tribulation*, nous dit-il : *je les en tirerai, et je les amènerai à la gloire.* [1]

Il faudrait remonter bien haut dans l'histoire pour trouver quelque chose de comparable aux saturnales, à l'orgie d'abominations et de forfaits, dont notre malheureux pays fut le théâtre, hélas ! et l'instrument, durant les dix dernières années de ce dix-huitième siècle si fier de sa philosophie, de sa civilisation, de ses progrès et de sa force. Institutions sociales, droits humains et divins, sentiments les plus sacrés de la nature, trésors de la science, monuments des arts, créations laborieuses de nos pères, temples du vrai DIEU, asiles de la charité et de la prière, tout roula du même coup au fond de l'abîme, poussé par une main satanique. Le caractère essentiel de cette immense, de cette honteuse perturbation fut la haine de DIEU ; haine atroce, furieuse, sans limites et sans frein. A de tels scélérats la pensée du juge suprême était insupportable. N'est-ce pas ce qui arrive toujours ? et l'une des preuves de la divinité de la religion n'est-elle pas d'avoir pour ennemis irréconciliables tous les êtres déchus, mauvais et gangrenés ?

Nous n'avons point à faire ici l'histoire de la Révolution : pages de sang et de boue. Un

---

[1]. Cum ipso sum in tribulatione : eripiam eum et glorificabo eum. *Ps.* 90.

commissaire inspecteur, nommé par les révolutionnaires eux-mêmes, écrivait, en 1799, au gouvernement qui l'avait envoyé : — « Tous
» les jours on me rapporte que quelque habi-
» tant a été tué, une diligence pillée, des caisses
» volées, des percepteurs enlevés. A l'indiffé-
» rence avec laquelle on raconte tous ces évé-
» nements, on croirait que ces pays ainsi trou-
» blés sont dans leur état naturel. L'esprit
» public est dans une léthargie qui fait craindre
» son entier anéantissement. » Voilà où l'on en était après tant de déclamations sur les abus anciens, tant de promesses pour l'avenir, tant de décrets, de lois, de règlementations, et surtout d'immolations sanglantes ! telle était la fraternité annoncée, la liberté préconisée, la prospérité immanquable ! C'est qu'on ne va point au bien des peuples par le crime, et qui se sépare de DIEU ne mène personne à la sagesse.

Disons ce seul mot. Venue, assurait-elle, pour régénérer, la Révolution laissa derrière elle, pour signes de son passage, le sang répandu à flots, la misère, la désorganisation la plus profonde que l'humanité ait vue.

Trois ans après la prise de la Bastille, où l'on avait trouvé *sept* prisonniers d'Etat, la Révolution possédait *quarante-huit mille* prisons, renfermant plus de *deux cent mille* détenus politiques. Sur cette masse effroyable de prisonniers, remarque un historien [1], environ *cent cinquante mille* étaient ce qu'on nommait *des suspects*; les autres, dont il serait impossible de dire le nombre avec précision, formaient le contingent quotidien de la guillotine, comme un troupeau enfermé dans le parc de l'abattoir; on venait les y prendre par charretées. Dans la petite ville d'Orange seulement, il y eut *douze mille* égorgements de ce genre.

On a prétendu que les terroristes n'avaient tué que ceux qui s'opposaient à l'application de leurs systèmes ou à la satisfaction de leurs appétits. Ce serait déjà une énormité sans nom; mais la vérité est que la Révolution tuait tout le monde, par simple manie, par besoin de sang; le prolétaire était immolé comme le grand seigneur, l'ouvrier et le serviteur comme leurs patrons, le fermier comme le propriétaire. La France était devenue la proie de cinquante mille comités couvrant toutes les communes, et composés, naturellement, de ce que la localité renfermait de plus féroce et de plus abject, à qui l'on avait accordé tout pouvoir de vie et de mort. La scélératesse était le meilleur titre aux places; plus on avait immolé de victimes, plus on avançait dans sa carrière : carrière de bourreaux, il faut le dire.

Quelle humiliation pour cette France naguère

---

1. Granier de Cassagnac, *Histoire du Directoire*.

si grande, si paisible et si belle ! A l'orgueil de ses philosophâtres, qui l'avaient saturée d'impiété et d'immoralité, Dieu répondait en se retirant, et elle tombait si bas qu'elle devait exciter la pitié du sauvage, l'horreur du genre humain.

Il est inutile de rappeler que toutes les églises furent profanées, dépouillées, fermées ; les ministres du sanctuaire exilés, emprisonnés, égorgés ; les religieux chassés de leurs cloîtres, jetés aussi dans les cachots, et voués à la détention ou à la mort. Les admirables vertus qui éclatèrent dans ces nobles victimes de la lâcheté satanique furent la purification, la réhabilitation, la rançon du vieux royaume très-chrétien. Que de femmes atteignirent, soutenues par leur foi, les plus hauts degrés de l'héroïsme ! Notre sujet, loin de nous interdire d'en citer quelque chose, nous y conduit, et nous le ferons brièvement.

Quatorze religieuses et tourières Carmélites de Compiègne, expulsées de leur couvent, vivaient dans une retraite profonde. Accusées d'une conspiration ridicule, elles furent, au mois de mai 1794, arrêtées, jetées en prison, et un mois après transférées à la Conciergerie de Paris, pour être traduites devant cet antre du brigandage qu'on appelait le tribunal révolutionnaire. Elles y parurent le 17 juillet, et répondirent aux accusations des tigres avec la fermeté de l'innocence. Comme on leur reprochait d'avoir eu des armes dans leur maison, la prieure, montrant son crucifix, répond : « Voilà les seules armes que nous ayons jamais eues dans notre monastère ». En vain cherchait-elle à procurer du moins la liberté des deux tourières, qui devaient être considérées comme des domestiques : les juges, fous de carnage, n'avaient garde de laisser échapper une seule victime ; toutes furent condamnées. Le parent d'une des religieuses avait été arrêté avec elles comme leur aumônier : inutilement prouva-t-il qu'il était marié, que sa femme était détenue à Chantilly ; un de ses frères, juge à Compiègne, témoignait du même fait : il n'en fut pas moins condamné comme « prêtre réfractaire »! Les pieuses filles, toutes vêtues de blanc comme pour le jour de leurs véritables noces, chantèrent le *Te Deum* en allant au supplice ; elles s'agenouillèrent au pied de l'échafaud, et, après avoir récité le *Veni Creator*, elles prononcèrent toutes ensemble la formule de leurs vœux, et demandèrent à Dieu que leur sang apaisât sa colère. La prieure obtint d'être immolée la dernière, afin d'exhorter jusqu'à la fin chacune de ses chères et saintes filles.

Transportons-nous à Orange. Là sont renfermées quarante-deux sœurs de divers ordres, et parmi lesquelles quinze Ursulines : elles prévoient qu'on les voue au supplice, et s'y préparent en observant, autant que cela est possible en pareil lieu, les exercices de leurs communautés.

Nulle ne s'effraie à l'image d'une mort cruelle, qui assure aux innocents la couronne du martyre. Chaque jour quelqu'une part ainsi pour l'éternité. — « Comment, ma sœur ! s'écriait une de ces ardentes servantes du Seigneur, comment ! vous allez au martyre sans moi ! que ferai-je maintenant sur la terre ? — Ne perdez pas courage, répondait la victime : votre sacrifice ne sera pas longtemps différé. » Et les événements furent tels. Ne croirait-on pas lire une page des actes de S. Sixte et S. Laurent ?

Dès que le jugement était prononcé, les condamnées ne revoyaient plus leurs compagnes ; elles étaient jetées dans une cour, en attendant le meurtre qu'on allait commettre sur elles. Un jour qu'on en venait chercher plusieurs pour les traîner au tribunal : « Mon Dieu, nous n'avons pas récité les vêpres ! » dit l'une d'elles. — « Nous les dirons au ciel », répond une autre. A six heures chaque jour, le son du tambour, les cris de mort proférés par une populace ignoble, annonçaient la prochaine exécution : les Sœurs qui devaient survivre, de vingt-quatre heures peut-être, récitaient à genoux les prières des agonisants et de la recommandation de l'âme; puis, quand elles présumaient que l'immolation était achevée, la couronne éternelle conquise, elles disaient le *Te Deum* et le *Laudate Dominum omnes gentes*, et avaient assez de foi pour se féliciter du supplice qui les attendait elles-mêmes, comme de la plus grande grâce de leur vie. « Imitons et suivons nos sœurs », disaient-elles ; et l'amour de Dieu leur rendait tout sacrifice aimable. Une religieuse du Saint-Sacrement, ayant reçu la sentence de mort, tira de sa poche une petite boîte de bonbons et les distribua à ses voisines en disant : « Je les avais gardés pour ce jour de mes vraies noces avec l'Agneau divin ».

A Valenciennes, mêmes massacres, même héroïsme. Treize religieuses sont saisies pour s'être réfugiées en Belgique lorsqu'on avait fermé et confisqué leur communauté : tel était leur irrémissible crime ! quand le moment fut venu, pour les cinq premières, de marcher à l'échafaud, elles se mirent à genoux devant le Crucifix, et récitèrent à haute voix les prières des agonisants. — « Mes chères mères et excellentes sœurs, dit l'une d'elles, nous vous supplions de nous pardonner nos mauvais exemples et tous les déplaisirs que nous vous aurions causés, vous assurant à notre tour que nous ne gardons aucun souvenir de ceux

qu'involontairement vous auriez pu nous faire.»
Cette scène digne des anges finissait à peine
qu'arrive l'officier municipal porteur du jugement. — « Voici donc, s'écrie une des victimes,
voici le premier échelon pour monter au ciel ! »
La porte s'ouvre, et les vierges chrétiennes
s'acheminent en psalmodiant le *Miserere*, la tête
nue, les mains liées derrière le dos, le visage
élevé vers le Seigneur. Quelques instants après,
le chœur des martyrs recevait au ciel les nouvelles triomphatrices. Et à cette heure même,
l'une de celles qui étaient reservées pour les
boucheries suivantes, retenue à l'hôpital par
la maladie, disait sur son lit de douleur :
« Seigneur, ne permettez pas que mes sœurs
entrent au ciel sans moi ! » A peine le dernier
mot s'était-il échappé de ses lèvres, que, re-
tombant sur sa couche, la fervente ursuline
expirait [1].

Qui ne connaît les *Vierges de Verdun*, cette
troupe de jeunes filles dont la plus âgée avait
dix-huit ans, et qui furent menées à l'échafaud
pendant qu'elles chantaient le *Salve Regina ?*
Les voix s'éteignaient l'une après l'autre, à
mesure qu'une tête roulait sous le couteau ;
bientôt ce fut le silence : l'immolation était
achevée.

---

1. V. Postel, *Histoire de Ste Angèle Mérici et de tout l'ordre des Ursulines* (Paris, 1878), t. II, pp. 232 et suiv.

Il y eut aussi, de la part des femmes chrétiennes, des miracles de courage d'un autre ordre. Pauline de Faillonnet, qui plus tard devint supérieure-générale des Sœurs de la Doctrine Chrétienne de Nancy, était alors toute jeune, et son œuvre de prédilection fut de venir en aide aux prêtres fidèles proscrits et poursuivis par la fureur jacobine. Elle leur procurait asile, nourriture, livres, assistances de toute sorte ; elle les atteignait jusqu'au fond des cachots, et en sauva plusieurs des mains de leurs bourreaux.

Un jour entre autres, elle apprend que quelques ecclésiastiques sont détenus à Saint-Mihiel, son pays, n'attendant que le moment d'être livrés aux juges de sang : elle conçoit aussitôt le dessein de les délivrer. Mais comment faire ? elle prie ; Dieu lui inspire un dessein, et elle se met à l'œuvre. Elle sollicite d'abord l'autorisation de visiter de temps en temps les prisonniers ; puis elle met dans sa confidence une amie pieuse et généreuse comme elle. L'une et l'autre, au jour convenu, prennent des habits de villageoises, vont dans un hameau voisin chercher une voiture, se présentent à la prison vers la tombée de la nuit, et, par un prodige d'adresse, au risque de leur vie, font monter les captifs dans leur voiture, et les conduisent loin de leurs ennemis. Elles-mêmes, plus tard, avouaient qu'une assistance divine toute particulière avait dû leur être ménagée [1].

Que devint, au milieu de ces tempêtes, la fervente maîtresse que nous avons laissée à Barfleur ?

Ce pays était si chrétien encore, si éloigné des grands centres où l'iniquité révolutionnaire faisait le plus de ravages, qu'il conserva une tranquillité relative, dont Julie Postel profita pour continuer son œuvre. Il serait superflu de dire ce qu'un cœur comme le sien souffrait à la nouvelle de tous ces massacres, des temples sacrés livrés à la profanation, démolis ou vendus, des croix abattues, des maisons religieuses fermées, des édits de persécution, de cette immense apostasie en un mot. Elle eût de grand cœur donné sa vie, comme tant de martyrs, pour apaiser Notre-Seigneur, et obtenir aux bons des jours moins lugubres. Que de prières, que d'austérites, elle offrit au bon Maître ! A ce moment, toutes les âmes chrétiennes étaient réfugiées dans le Cœur sacré de JÉSUS ; c'est là qu'elles se rencontraient sans se connaître, là qu'elles élevaient leurs gémissements, et négociaient pour ainsi dire la rédemption de la France. Sublime union, action puissante et

---

[1]. Puy-Pény, *Vie de la R. Mère Pauline de Faillonnet* (Paris, 1865), t. I, p. 36.

toute céleste, témoignage vivant de l'espérance et de la charité évangéliques ! Plus le flot du mal montait, plus montaient aussi ces ardentes supplications, en même temps que le sang innocent, comme celui d'Abel, criait vers le trône éternel. Les souffrances des hommes touchaient moins cette âme si pure que la pensée des péchés qui se commettaient. Nous avons vu quelle impression extraordinaire elle ressentit, dès sa première enfance, à la seule image de l'offense de Dieu : que n'endura-t-elle pas, durant ces années maudites, où il est absolument vrai de dire que l'enfer s'était établi ici-bas !

Du reste, son historien témoigne qu'elle ne perdit rien de sa confiance, même aux heures les plus désespérées. Il lui semblait qu'une époque meilleure reviendrait, et que de l'excès de la perversion pourrait sortir un bien. Les bons deviendraient meilleurs, les méchants se courberaient sous la main du Seigneur, la régénération se ferait, à la suite et comme fruit de l'expiation. Dans sa chrétienne et vive émotion, elle ne se laissa ni abattre ni troubler.

Sa plus inconsolable douleur eût été la privation des sacrements. Les prêtres étaient pourchassés, emprisonnés, exilés, assassinés. Julie s'entendit avec l'un deux, M. l'abbé Lamache, et lui fit bénir un oratoire secret, où on lui permit de garder le Saint-Sacrement, sous son propre toit. Julie dédia la chapelle à Marie sous le titre consolant de *Mère de Miséricorde*, qu'elle donnera un jour à l'ordre religieux que Dieu l'appelle à fonder. Mère de Miséricorde ! on avait tant besoin de cette miséricorde, tant besoin de cette mère ! Elle protégea sa fidèle servante. La mort sur l'échafaud eût été le sort de Julie si les monstres du jour eussent connu l'existence de son oratoire, et que non-seulement elle y gardait la sainte Eucharistie, mais que de là on la portait souvent aux malades. Il arriva même, plus d'une fois, que Julie fut envoyée prendre elle-même le corps de Notre-Seigneur pour le remettre aux mains de quelque prêtre caché dont un mourant implorait l'assistance. Dans ces occasions, elle éprouvait un tel bonheur, qu'elle le comparait à celui de Marie ayant, à Bethléhem, Jésus entre ses bras.

Un certain nombre de prêtres étaient, en effet, restés, au péril de leurs jours, dans les campagnes normandes, allant de ferme en ferme distribuer les bienfaits de leur ministère, célébrant la messe, administrant le baptême, entendant les confessions, bénissant les dépouilles des morts, faisant le catéchisme aux enfants et aux ignorants. Ils aimaient à venir chez Julie, quand cela se pouvait sans trop de péril ; ils y disaient la messe et renouvelaient les saintes espèces. Il y a mieux : les premières-communions se firent assez régulièrement, grâce à ces charitables industries. Barfleur fut privilégié.

Le silence était sévèrement gardé par les initiés. Il était impossible, cependant, qu'il n'en transpirât quelque chose. Deux visites domiciliaires furent opérées chez Julie Postel. Par une protection remarquable de la Providence, soit que les municipaux fermassent volontairement les yeux, soit que réellement ils n'eussent rien découvert, l'oratoire échappa à cette double recherche. En parlant, dans la suite, de cette circonstance, Julie disait : « Non, je n'avais pas peur : j'étais sûre que l'ennemi n'entrerait point dans ma chapelle. Je tournais le dos à la porte du sanctuaire, et, tout en faisant politesse aux agents, intérieurement je disais à JÉSUS : A vous, mon maître, de garder votre tabernacle ! Ne souffrez pas qu'il soit profané ; ou qu'il ne le soit qu'après que j'aurai versé tout mon sang pour le défendre ! — Et ces hommes passaient devant cette porte comme si elle eût été invisible pour eux. »

Cette situation développa au dernier degré la dévotion de Julie pour JÉSUS dans le Saint-Sacrement. Elle passait auprès de lui toutes les heures qu'elle pouvait dérober à ses occupations, s'enfonçant dans la contemplation et la prière. La prière ! les âmes chrétiennes ne s'en lassent point. « Je crois, a dit Donoso Cortès, » que ceux qui prient font plus pour le monde

» que ceux qui combattent, et que, si le monde
» va de mal en pis, c'est qu'il y a plus de batailles
» que de prières. Si nous pouvions pénétrer
» dans les secrets de Dieu et de l'histoire, je
» tiens, pour moi, que nous serions saisis
» d'admiration devant les prodigieux effets de
» la prière, même dans les choses humaines.
» Pour que la société soit en repos, il faut qu'il
» y ait un certain équilibre, que Dieu seul
» connaît, entre les prières et les actions, entre
» la vie contemplative et la vie active. Je crois,
» tant ma conviction sur ce point est forte,
» que, s'il y avait une seule heure d'un seul
» jour où la terre n'envoyât aucune prière au
» ciel, ce jour et cette heure seraient le dernier
» jour et la dernière heure de l'univers... » Et comment n'y pas songer, alors que toutes les turpitudes, les convoitises innommées, les fureurs impies, la soif du sang, l'exaltation du vice, s'étaient ruées contre l'Évangile, contre Dieu, contre la vertu !

Et puis, quelle tendresse dans le cœur de Julie, pendant ces heures d'adoration solitaire ! Quel aliment divin y nourrissait sa piété ! La dévotion au Saint-Sacrement n'est-elle pas la reine des dévotions ? C'est le centre auquel toutes les autres convergent et se groupent comme autant de satellites, selon la belle expression du P. Faber : car celles-ci sont destinées à rappeler ses mystères, tandis que l'Eucharistie a pour objet de célébrer JÉSUS lui-même. Le Saint-Sacrement plane au-dessus de l'Église depuis dix-huit siècles. « O tourbillon silencieux du divin amour, avec quelle force, à la fois calme et irrésistible, vous attirez vos créatures dans le sein de votre aimable influence et dans les cercles intérieurs où elle s'exerce ! Oui, votre nom est JÉSUS : car vous sauvez et sauverez votre peuple de ses péchés. [1] »

« Le monde spirituel, tout resplendissant
» des emblèmes de l'éternelle union, n'est que
» l'auréole du CHRIST résidant au milieu des
» hommes pour les rassasier de vérité et
» d'amour : de sorte que cette foi puissante à
» la présence humaine de la Divinité n'ébranle
» notre frêle nature que pour la consoler et
» l'affermir. Elle l'exalte avec la même
» force dont elle pourrait l'accabler, et lui
» imprime, si j'ose le dire, de toute la pression
» qu'elle exerce sur elle, un mouvement d'as-
» cension vers ce monde supérieur où, dans le
» sein de la présence divine, sans voile, l'in-
» telligence et l'amour se dilateront sans
» effort. [2] »

Consumé de sacrifices, écrasé sous le poids de tout un monde à convertir, S. François

---

1. P. Faber, *Le Saint-Sacrement*.
2. Mgr P. Gerbet, *Considérations sur le dogme générateur de la piété catholique*, ch. 5.

Xavier, oubliant et les fatigues, et les périls sans cesse renaissants, et les supplices, s'écriait : « La plus grande peine du missionnaire est de » ne pouvoir, dans certaines circonstances, » célébrer les saints mystères, et d'être privé » du pain céleste qui fortifie le cœur de l'hom- » me, et qui est l'unique consolation dans les » maux et les traverses de cette vie. » S. François de Sales, retraçant les merveilles que l'Eucharistie opère dans les saints : « Ils ressentent, » dit-il en son naïf langage, que JÉSUS-CHRIST » s'épanche et communique à toutes les parties » de leurs âmes et de leurs corps. Ils ont JÉSUS- » CHRIST au cerveau, au cœur, en la poitrine, » aux yeux, aux mains, en la langue, aux oreil- » les, aux pieds. Mais ce Sauveur que fait-il tout » par-là ? Il redresse tout, il mortifie tout, il » vivifie tout : il aime dans le cœur, il entend au » cerveau, il anime dans la poitrine, il voit aux » yeux, il parle en la langue ; et ainsi des autres. » Il fait tout en tout. Et lors nous vivons non » point nous-mêmes, mais JÉSUS-CHRIST vit » en nous. [1] »

Julie ne se bornait pas, dans sa dévotion, dans ses visites au DIEU de l'Eucharistie, aux heures du jour que les soins de l'éducation, plus pressants que jamais en de telles années, lui permettaient de consacrer à l'oraison en

---

1. *Lettres spirituelles*, II, 48.

présence de Notre-Seigneur : moments trop courts, qu'elle voyait avec douleur lui échapper; elle passait dans son petit sanctuaire la moitié des nuits régulièrement ; entre le jeudi et le vendredi, s'unissant plus intimement encore aux scènes de la Passion, elle restait en adoration jusqu'au matin. Parmi ses occupations quotidiennes, la pensée de son hôte divin ne l'abandonnait jamais ; c'était elle qui la soutenait dans ses privations, ses labeurs bien pénibles, les dangers incessants qu'elle courait ; c'était elle aussi qui ranimait son zèle lorsque la nature l'eût senti défaillir.

Ces dangers ne venaient pas seulement des révolutionnaires dont la France subissait la brutale tyrannie : il y eut aussi, du moins pendant un temps assez long, la surveillance et l'action hostile de l'Église dite *constitutionnelle*. Le serment à la Constitution civile du Clergé, condamné par le Saint-Père et par les évêques comme entaché de schisme, avait été malheureusement prêté par un certain nombre d'ecclésiastiques, qui, ralliés au nouvel ordre républicain, furent envoyés comme intrus à la place des pasteurs fidèles, s'emparèrent des églises, administrèrent les sacrements, prêchèrent, catéchisèrent, et formèrent des noyaux de demi-chrétiens fort animés contre les vrais catholiques. Le département de la Manche fut envahi comme les autres, et même fournit au schisme des adhérents nombreux, actifs, ombrageux surtout à l'égard de ceux qui ne les suivaient pas dans leur faute. Au prix de sa tête Julie n'aurait voulu se séparer des prêtres légitimes et orthodoxes, qu'elle était sûre de trouver dans leurs cachettes et d'amener à sa chapelle quand il y avait utilité. Mais, afin d'éviter jusqu'aux moindres suppositions de connivence avec l'erreur, et même d'échapper aux sollicitations comme au mauvais vouloir des schismatiques, elle fut, chose à peine croyable, trois ans consécutifs sans quitter sa modeste habitation, et même sans regarder par la fenêtre une seule fois. Sa vie était celle de la religieuse cloîtrée la plus mortifiée. La présence du divin Bien-Aimé lui tenait lieu de tout, relations, distractions, promenades. Hélas! ce qu'elle ne pouvait fuir, c'étaient les cris, les chansons, les démonstrations sauvages des bandes de terroristes, ou de simples fous, qui remplissaient fréquemment les rues : il fallait s'y habituer! Chaque fois que la cohue de ces scènes ignobles montait jusqu'à elle, la pieuse fille s'imaginait aisément qu'on avait surpris son secret, qu'on allait envahir l'oratoire où reposait le Saint-Sacrement : elle courait se jeter à genoux à la porte de l'humble sanctuaire, invoquait ardemment le DIEU tout-puissant, et promettait qu'on la mettrait plutôt en pièces que de franchir le seuil pour la profanation.

Liv. I, Ch. IV. — La Révolution.

Pendant ces lamentables années, éternel déshonneur de la France, Julie Postel fortifia sa vertu dans la tribulation, et fit une provision de mérites admirable.

L'énergie du caractère fut une de ses qualités ; on en verra mainte preuve dans cette histoire. Elle le marqua, pendant la Révolution, en une circonstance ainsi exposée par son premier historien. « Deux militaires, logés chez ses parents, ont en sa présence une querelle qui détermine à l'instant ce qu'on appelle dans le monde une partie d'honneur, un duel. « Une âme peut-être va tomber en enfer ! » pense Julie. Sans hésitation, sans faux-fuyant, elle aborde les deux soldats, leur reproche cet emportement sans raison, parle de Dieu, du jugement, de l'éternité, de l'horreur du péché, et des supplices qui l'attendent ; et, sans autre permission, saisit l'arme de l'un des champions et la lance vigoureusement sur un ciel-de-lit. Cette vigueur stupéfait nos hommes ; l'offensé reçoit une satisfaction immédiate, et la réconciliation se fait sur l'heure. »

LIVRE SECOND.
INSTITUTION DES SŒURS DES ÉCOLES CHRÉTIENNES.

Chapitre premier.
Après la Révolution.

ES réformes, dans la vie d'un peuple, sont de simples accidents, qui, bien loin d'entamer sa constitution, la relèvent, l'épurent, la fortifient. Il n'en est point ainsi de ces secousses violentes, fruit des conspirations et des complots, qu'on appelle *révolutions:* elles déplacent, saccagent et minent; les peuples s'y amoindrissent, et parfois y périssent. De toutes les révolutions qu'on voit apparaître dans l'histoire, aucune ne montra jamais autant d'aveuglement, de folie, de férocité, ne multiplia plus audacieusement les attentats, les scélératesses, les infamies de tout genre, que celle qui éclata dans notre pays à la fin du siècle dernier, et dont l'esprit a survécu à toutes les désolations qu'elle avait enfantées.

Son caractère fondamental et distinctif est la haine de DIEU poussée jusqu'à l'insanité. L'idée de la Justice suprême, vengeresse de tous les forfaits, la met hors d'elle-même : et par-là elle témoigne trop évidemment qu'elle est, au fond, satanique ; qu'elle est ténèbres, puisque Dieu est lumière ; qu'elle est péché, puisque Dieu est sainteté. Arrivée à saisir le pouvoir, elle ne peut souffrir le simple voisinage de la vertu. Le prêtre est persécuté, proscrit, mis à mort ; les églises sont profanées et fermées, les croix abattues, les religieux immolés, les associations pieuses dissoutes, le paganisme réhabilité dans les mœurs, toutes les lois divines niées, foulées aux pieds ; l'être humain considéré et gouverné comme une simple machine. Les grands mots n'en sont pas moins sur ses lèvres ; elle ne parle que de dignité, d'affranchissement, de fraternité et de progrès. Satan ne tenait pas un autre langage à nos premiers parents. Il continue son rôle, en se servant de la Révolution comme il s'était servi du serpent : promettant toute félicité, ne donnant que la mort.

La haine de Dieu conduit nécessairement à la haine de l'âme : aussi la Révolution n'omit-elle point de s'attaquer à l'instruction. Dès le 17 octobre 1791, elle fermait, à Paris, l'illustre école de la Sorbonne, et celle, presque aussi célèbre, du collège de Navarre, où depuis Philippe-le-Bel on enseignait complètement et gratuitement les humanités aux étudiants pauvres. La destruction du clergé et des ordres religieux fit tomber successivement toutes les autres grandes maisons ouvertes à l'éducation de la jeunesse; les humbles écoles de village succombèrent comme les collèges. La France, désolée par les tyrans, retournait à la barbarie. Il faut lire les doléances de ce temps pour se faire une idée de ce qu'étaient devenues nos villes et nos provinces.

A la fin du Directoire, en 1799, un conseiller d'État envoyé en inspection dans les Bouches-du-Rhône, le Var, les Alpes-Maritimes, disait dans son rapport : — « Quatre écoles qui coû-
» tent 120.000 f^{rs} n'ont pas entre elles 200
» élèves, tandis qu'autrefois un collège qui
» avait 30.000 f^{rs} de rente comptait seul 300
» élèves. Il y a des réclamations universelles
» par toute la France. » Les faits étaient les mêmes dans l'Ouest; et quant au département de la Manche, où vivait Julie Postel, le rapport de l'inspecteur constate que, « sur 485 écoles
» primaires qui devaient y être établies, il n'y
» en avait que 177 d'organisées, et *la plupart*
» *étaient désertes*. Les parents, continue l'ins-
» pecteur, ne veulent pas y envoyer leurs en-
» fants, à cause du défaut d'instruction reli-
» gieuse; on préfère les envoyer chez des maîtres
» particuliers, qu'on aime mieux payer parce
» qu'on espère y trouver une meilleure instruc-
» tion, des *mœurs plus pures* et des principes
» de religion ».

La secte révolutionnaire a dit cependant, et le répète chaque jour dans ses pamphlets, dans ses discours de tribune, que l'instruction du peuple et la diffusion des lumières date d'elle et est son œuvre. Un économiste d'une grande autorité, peu suspect de partialité religieuse, M. Michel Chevalier, répond en ces termes : — « Un fait trop peu connu, c'est que, depuis
» la révolution de 89 et la suppression des
» ordres religieux, nous avons singulièrement
» rétrogradé en fait d'instruction secondaire.
» Avant 89, le nombre des élèves fréquentant
» les écoles était triple ou quadruple de ce qu'il
» est aujourd'hui. Alors il y avait un plus
» grand nombre de bourses dans une seule pro-
» vince, dans la Franche-Comté par exemple,
» qu'il n'y en a aujourd'hui dans la France
» entière. — Sans vouloir calomnier notre siècle,
» et sans me rendre suspect de partialité en
» faveur de l'ancien régime, il me sera permis
» de dire qu'aujourd'hui il est plus difficile
» qu'autrefois à un jeune homme, capable mais
» pauvre, de surgir intellectuellement. Tout
» enfant qui annonçait d'heureuses dispositions
» était aisément distingué par le clergé, et
» obtenait non moins aisément admission
» gratuite dans un des nombreux collèges
» dirigés par les ordres religieux. — Ainsi, les
» créations les plus libérales ont été immolées,
» au nom de la liberté, dans la guerre d'ex-

» termination que nos pères déclarèrent au
» passé. »

Notre sujet nous ayant amené à cette question, on nous pardonnera sans doute d'y insister encore, quoique brièvement : c'est entrer dans la pensée de la vertueuse Julie que de mettre à profit toute occasion de dire les gloires de l'Église et de défendre avec elle la vérité.

Or, la vérité est que le catholicisme, calomnieusement accusé d'être opposé à l'instruction du peuple, a tout fait, au contraire, pour elle, et même, au sens le plus strict du mot, l'a créée dans la société moderne. Les vies des saints sont là pour l'attester, aussi bien que les édifices de toutes parts élevés à l'étude par l'Église, et dont l'État s'est emparé depuis. Les livres élémentaires de toute science ont été, durant des siècles, l'œuvre des prêtres et des moines. Les méthodes consacrées viennent d'eux. Pas une voie de l'éducation publique où ils n'aient marqué leur empreinte.

Dès l'an 1110, un historien des Croisades, Guibert de Nogent, nous dit : « De tous les
» côtés on se livre avec fureur à l'étude de la
» grammaire, et le nombre croissant des écoles
» en rend l'accès facile aux hommes les plus
» grossiers ». Les évêques pourvoient à ce que chaque paroisse ait son école, et, la plupart du temps, la confient à un ecclésiastique dont elle

constitue le ministère exclusif. Il en était ainsi dans toute l'Europe ; et l'Italie, par exemple, avait conservé cette organisation charitable et libérale jusqu'à la dernière invasion piémontaise.

Il y eut dans l'Église de France un immense mouvement en faveur de l'enseignement populaire, désorganisé par le protestantisme, dans les dernières années du XVIe siècle et pendant tout le XVIIe. Alors se fondent les ordres enseignants des Ursulines, des Jésuites, des Scolopes (Écoles religieuses), des Somasques, des Pères de la Doctrine Chrétienne, des Frères de la Doctrine Chrétienne, des Frères de la Miséricorde, des Sœurs de la Providence, des Sœurs de la Charité, des Sœurs de Notre-Dame, des Sœurs de Saint-André, des Sœurs de la Croix ; et vingt autres. La Révolution, à cette époque, c'était le protestantisme, qui s'en prenait à tout. « L'Église n'eut pas de peine à comprendre qu'on en voulait à l'âme des petits enfants : elle les défendit avec la passion d'une mère. A la voix de ses conciles, de grandes âmes prirent en main la cause de l'enfance menacée par les doctrines nouvelles, et de toutes parts notre sol se couvrit d'une magnifique floraison d'écoles chrétiennes et de congrégations vouées à l'instruction de la jeunesse [1]. »

---

[1]. *Questions controversées de l'histoire et de la science*, 1e série, 1880 (Société Bibliographique), p. 189.

De 1710 à 1717, dans le diocèse de Rouen, sur 1159 paroisses il y a 1161 écoles, dont 855 pour les garçons, 306 pour les filles. Au diocèse de Coutances, celui de Julie Postel, que nous venons de voir ravagé par la Révolution, toutes les paroisses à peu près étaient auparavant pourvues d'écoles dirigées par des vicaires ou par des religieuses; les registres du mariage, encore existants, font voir qu'à la campagne 75 habitants, sur 100, savaient écrire régulièrement. Il en est de même pour Autun, Auxerre, Troyes, Marseille, Toulouse, Bordeaux, etc. Dans le diocèse de Toul, en 1779, les baillis des villages se plaignent en ces termes singuliers : « Nos bourgs et nos villages fourmillent » d'une multitude d'écoles; il n'est pas de ha- » meau qui n'ait son grammairien. [1] » L'évêque apostat et régicide Grégoire a écrit lui-même, à la fin du Directoire : « Il y a neuf ou dix ans » que chaque commune avait un maître et » souvent une maîtresse d'école. La méthode » d'enseignement était bonne... De toutes parts » on stimulait le zèle des parents, on excitait » l'émulation. » Les Hautes-Alpes, relativement peu peuplées, étaient une pépinière d'instituteurs. — En 1789, Lille possédait douze écoles gratuites. — En 1746, l'abbé Terrisse, vicaire-général de Rouen, soutenant, dans un

---

1. Même ouvrage, p. 194.

mémoire lu à l'Académie de cette ville, qu'il est essentiel de procurer aux habitants de la campagne les moyens de s'instruire, donnait comme preuve « l'état florissant des campagnes de Normandie, où *tout le monde était instruit* ».

Du reste, il n'y a qu'à lire la collection des conciles si l'on veut s'assurer du zèle de l'Église catholique pour la diffusion de l'enseignement à tous les degrés de l'échelle sociale. Pour n'en rapporter qu'un exemple, le synode d'Angers de 1664 prescrit que « toute paroisse doit avoir ses écoles, ou du moins un maître clerc suffisamment instruit qui enseigne les enfants ». Or, les paroisses étaient alors beaucoup plus nombreuses qu'elles ne sont de nos jours. Les catéchismes eux-mêmes, cette maternelle création de l'Église, n'ont-ils pas été de tout temps de véritables écoles ?

Que reste-t-il donc des calomnies odieuses répandues par les écrivains ignorants ou méchants contre la sainte Église, et qui la représentent comme hostile à l'instruction ?

On vient de lire un résumé, bien incomplet sans doute, de ses œuvres d'enseignement populaire. En 1789, la France avait 24 universités et 562 collèges pour l'enseignement secondaire, avec 72.747 élèves, dont plus de la moitié bénéficiaient, entièrement ou partiellement, de la *gratuité*, non pas comme aujourd'hui aux frais de l'État, c'est-à-dire sur les impôts que nous payons tous, mais au moyen des libéralités et des fondations exclusivement chrétiennes.

Tout cela disparaît sous les coups d'une révolution sauvage et impie.

Dès 1792, la Convention, sous prétexte de réédifier plus tard, porte la hache dans ces institutions chrétiennes et populaires. Voici son décret : « Les collèges de plein exercice » et les facultés de Théologie, de Médecine, des » Arts et de Droit, sont supprimés sur toute la » surface de la République ». Les Têtes-Plates de l'Amérique Septentrionale et les Zoulous du Cap n'auraient pas autrement légiféré. Cette détestable assemblée, qui devait faire l'épouvante des âges futurs, ne pouvait manquer de s'attribuer en même temps les biens des maîtres qu'elle pourchassait : le 10 mars 1793, elle décrète encore : « Les biens formant la dotation » des collèges, des bourses, et de tous autres » établissements d'instruction publique fran» çais, *sont dès à présent vendus*, dans la même » forme et aux mêmes conditions que les » autres domaines de la République... » — En supprimant les ordres religieux, l'année précédente, 18 août 1792, le même régime déclarait stupidement (il faut le dire au simple point de vue du bon sens), « qu'un État vraiment libre

Liv. II, Ch. I.— Après la Révolution.

» ne doit souffrir dans son sein aucune corpo-
» ration, pas même celles qui, vouées à l'en-
» seignement, *ont bien mérité de la patrie* ».

On voulut cependant fonder quelques nouvelles écoles ; mais, comme elles dépravaient
l'enfance au lieu de la former au bien, et que les
parents résistaient, on décréta en outre l'instruction *obligatoire*. Nous venons de constater les
beaux résultats qu'elle produisit. Dans une
circulaire officielle du 11 floréal an IX (1 mai
1801, en style civilisé), le préfet de la Sarthe,
citoyen Auvray, parlait des plaintes continuelles qu'il recevait au sujet de l'incapacité et
de l'inconduite d'un grand nombre d'instituteurs primaires. « *L'ignorance et l'immoralité*
» de la plupart d'entre eux, écrivait-il, ont
» excité contre leurs personnes un mépris qui
» finirait par tourner au détriment de l'instruc-
» tion même ». — L'apostat Grégoire ajoute,
vers la même époque : « L'ignorance menace
» d'envahir nos campagnes, les villes même,
» avec tous les fléaux qui en sont la suite. On
» a beaucoup raisonné, et même déraisonné,
» sur l'établissement des écoles primaires, et
» les écoles primaires sont encore *à naître*... »
A Paris, vingt-quatre écoles établies sur la
base révolutionnaire ne réunissaient entre
elles toutes que 900 élèves, soit une moyenne
de 30 à 40 par école, dans une ville qui en
comptait plus de 10.000 autrefois.

Un dernier témoignage. Il est de 1832, et du ministre de l'État Chaptal, dans un document officiel. « *L'éducation publique est presque nulle* » *partout.* La génération qui touche à sa » vingtième année est irrévocablement sacrifiée » à l'ignorance, et nos tribunaux, nos magis- » tratures, ne nous offrent que des élèves des » anciennes universités. *Le système d'instruc-* » *tion publique qui existe aujourd'hui est donc* » *essentiellement mauvais...* » Oui, parce qu'il a détruit la grande, la séculaire, la féconde action de l'Église, et que construire en dehors de Dieu c'est faire maison de paille [1].

Par ces détails on voit encore que la dernière persécution républicaine, à dater de 1877, n'a fait que suivre les traces des prétendus législateurs de la Convention : expulsion des congrégations des écoles, gratuité et laïcité de l'enseignement primaire, avec intention manifestée d'arriver à l'obligation. Dieu chassé de l'État, la franc-maçonnerie poursuit son but de le chasser aussi du cœur des hommes, et elle s'attaque à l'enfance.

Telles étaient les ruines accumulées par la Révolution, au moment où s'ouvrait notre siècle. De ces ruines allait sortir une floraison

---

1. Nisi Dominus ædificaverit domum, in vanum laboraverunt qui ædificant eam. *Ps.* 126, 1.

nouvelle de dévouements et de créations. Sur tous les points à la fois, par la divine miséricorde, les ordres catholiques enseignants vont se reformer ; leurs saintes maisons abriteront une génération d'écoliers meilleurs, et partout même les besoins nouveaux enfanteront des fondations et des institutions nouvelles aussi. L'Église de France fournira au monde cette preuve d'une vitalité miraculeuse.

Julie Postel était une des élues de la Providence pour cette régénération.

Chapitre second.
Premières tentatives de réparation.

DÈS qu'un peu de calme se fut établi dans la société, les sentiments chrétiens de la France se réveillèrent. On a fait un grand mérite à Napoléon d'avoir rouvert les églises et signé un concordat avec le souverain-pontife Pie VII : sans doute il y eut là une bonne pensée, mais la justice oblige de dire que le Premier Consul ne fit que reconnaître et favoriser le mouvement général qui emportait la nation. Nombre d'églises étaient rouvertes de fait ; le clergé rentrait de l'exil, appelé par les populations ; les évêques revenaient à leurs troupeaux ; les offices se célébraient assez régulièrement en une infinité d'endroits. La privation qu'on en avait eue durant tant d'années les rendait plus précieux ; la multitude y affluait. On ne voyait guère étrangers à ce mouvement que les hommes souillés des crimes révolutionnaires, ou notoirement adhérents à l'épouvantable régime qui venait enfin de sombrer. Tout gouvernement réparateur, eût-il eu même une origine peu avouable, comme celui de Bonaparte, composé en partie de régicides, était obligé de compter avec cette disposition des esprits. En la combattant, il eût signé sa propre perte.

Il y avait surtout dans les âmes un vide immense ; on éprouvait, pour ainsi dire, la nostalgie de Dieu, le besoin d'aimer au-dessus d'une terre souillée, d'espérer après tant de déceptions, de terreurs, de souffrances. La religion seule était capable de remplir ce vide, de répondre à cette situation, de consoler ces douleurs.

Un homme de haut génie, quoique de triste caractère et de plus tristes œuvres, M. Victor Hugo, avouait lui-même, le 15 janvier 1850, qu'il n'y a point à remplacer l'éducation qui fait les chrétiens. — « L'enseignement religieux,
» dit-il, est selon moi plus nécessaire aujour-
» d'hui que jamais. Plus l'homme grandit, plus
» il doit croire. Il y a un malheur dans notre
» temps, je dirais presque qu'il n'y a qu'un
» malheur : c'est une certaine tendance à tout
» mettre dans cette vie. En donnant à l'homme
» pour fin et pour but la vie terrestre, la vie
» matérielle, on aggrave toutes les misères par
» la négation qui est au bout ; on ajoute à
» l'accablement du malheureux le poids insup-
» portable du néant ; et de ce qui n'est que la
» souffrance, c'est-à dire une loi de Dieu, on
» fait le désespoir. — De là de profondes
» convulsions sociales. — Certes, je désire

» améliorer dans cette vie le sort de ceux qui
» souffrent, mais je n'oublie pas que la première
» des améliorations c'est de leur donner l'espé-
» rance. Quant à moi, je crois profondément
» à ce monde meilleur ; et, je le déclare, c'est
» la suprême certitude de ma raison, comme
» c'est la suprême joie de mon âme. — Je
» veux donc sincèrement, je dis plus, je veux
» ardemment l'enseignement religieux. »

Le donner, cet enseignement religieux, devait être la principale préoccupation des pasteurs rendus à leurs ouailles. Que d'hommes, au milieu de la tourmente, ne s'étaient jamais approchés de la sainte Eucharistie ! que d'enfants n'avaient jamais entendu un mot de catéchisme ! combien même n'étaient point baptisés !

On organisa donc d'abord des réunions d'enfants, des catéchismes, des instructions préparatoires à la première-communion pour ceux qui ne l'avaient pas faite. C'était dans des granges, au début, qu'on s'assemblait, jusqu'au moment où les églises se rouvrirent. Ce nouveau théâtre à son zèle trouva Julie pleine de dévouement et d'action. Elle se multipliait pour venir en aide au petit nombre des prêtres, qui, absorbés par les devoirs de leur ministère, visites des malades, confessions, enterrements, baptêmes, sermons, manquaient souvent de temps pour les explications catéchistiques. La pieuse fille les suppléait dans ce travail, qu'une longue pratique lui rendait facile, et qui remplissait son cœur de consolation. Elever les jeunes enfants vers DIEU, faire aimer sa sainte loi, augmenter le nombre de ceux qui un jour seront couronnés dans le ciel, c'est à tout cela qu'elle avait voué sa vie : et quelle occasion meilleure que les catéchismes pour répondre à cette vocation !

Si elle chérissait l'enfance, les enfants à leur tour lui témoignaient une tendre confiance, et ne se fatiguaient point de ses leçons. Elle était si indulgente pour leur légèreté naturelle, si patiente avec les natures difficiles, si bonne, si maternelle pour tous ! Les parents se montraient heureux de les voir sous sa tutelle.

Bien des vices s'étaient introduits, avec la Révolution, dans des familles jusque-là simples, religieuses, édifiantes. A cette époque, en 1802, le ministre Portalis, dépeignant cet état de choses, disait au Corps Législatif : « Il est
» temps que les théories se taisent devant les
» faits. Point d'instruction sans éducation et
» sans morale, sans religion. Les professeurs
» ont enseigné dans le désert, parce qu'on a
» proclamé imprudemment qu'il ne fallait
» jamais parler de religion dans les écoles.
» *L'instruction est nulle depuis dix ans !* Il
» faut prendre la religion pour base de l'éducation. Les enfants sont livrés à l'oisiveté la
» plus dangereuse, au vagabondage le plus

» alarmant. Ils sont sans idée de la Divinité,
» *sans notion du juste et de l'injuste.* De là
» *des mœurs farouches et barbares* ; de là *un*
» *peuple féroce...*»

C'était donc comme une mission parmi les sauvages qui s'imposait au zèle catholique. La province habitée par Julie avait un peu moins souffert que celles du centre et de l'est ; et cependant les maux y étaient grands. Les conversations mauvaises s'entendaient de tous les côtés, aux champs, au foyer, dans les repas, sur les chemins, aux veillées. Le blasphème, ce péché vraiment satanique, parce qu'il est gratuit et qu'aucune passion naturelle n'y porte, régnait jusque dans la bouche des enfants. Nous avons vu l'horreur de Julie, encore toute petite, contre les impiétés du discours : elle s'appliqua tout particulièrement à la faire disparaître. Incessamment elle abordait ce sujet dans ses catéchismes, imitant, sans le savoir, S. Chrysostôme, qui, lui aussi, terminait presque tous ses discours par une exhortation à fuir le blasphème, et à corriger par tous les moyens, même celui de la violence, les blasphémateurs.

Notre sainte institutrice eut le bonheur de voir ses efforts en partie efficaces ; un changement sensible, qui devait réagir sur la population, se produisit dans cette jeunesse.

Elle allait au-devant de ceux à qui elle

pouvait être utile, et les attirait à ses instructions, qu'ensuite ils ne voulaient plus quitter. Plusieurs des enfants qu'elle avait secrètement formés à la vertu durant les jours de persécution, et qui lui en témoignaient reconnaissance, furent invités par elle à lui prêter leur concours, et y consentirent avec un pieux empressement.

Il n'y avait petites ressources que négligeât son zèle éclairé. Ainsi, l'esprit des enfants étant si inconstant, leurs résolutions si fragiles, elle leur suggérait d'humbles mais ingénieuses industries pour se retrouver dans leurs bons propos. — « Quand on a promis à Dieu quelque chose, disait-elle, il faut absolument le tenir. Nous oublions! répondrez-vous, pauvres enfants ; ce n'est point en nous mauvaise volonté. Soit ; mais pourquoi négliger les moyens d'avoir de la mémoire ? Par exemple, un nœud à son mouchoir, la vue de tel arbre, ou bien celle du clocher, ou bien le chant d'un oiseau, auxquels on attache le souvenir de ses résolutions, qu'y a-t-il de plus aisé ? Chaque fois que vous rencontrez ces objets, voilà que la résolution revient. » Beaucoup d'enfants entendaient ce langage, adoptaient ces naïves et bonnes pratiques. On en vit quelques-uns mettre dans deux poches différentes un certain nombre de petites pierres, par lesquelles ils marquaient rechute et progrès. C'était pour eux une sensible joie de faire ensuite le compte, et de dire à celle qu'ils appelaient unanimement « leur bonne maîtresse » où ils en étaient de leurs efforts. Est-il rien de plus touchant que ces belles dispositions, cette émulation, cette docilité, dans de pauvres enfants des campagnes ? Et comme Julie, conduite, par la grâce de Dieu, avait pénétré dans ces cœurs !

Le Ciel lui réservait, au milieu même de cet humble mais fervent troupeau, et parmi les enfants de la première-communion, une compagne de ses œuvres futures, la jeune Louise Viel, que nous retrouverons dans les fondations, toujours au premier rang quand il s'agira d'immolation et d'énergie.

Chapitre troisième.
Prédiction merveilleuse.

DIEU n'a jamais abandonné ceux qui travaillent pour sa gloire. S'il se cache par moments, s'il paraît s'éloigner d'eux à l'heure de l'angoisse ou du péril, le bon Maître, comme il le fit pour saint Pierre, pour sainte Catherine de Sienne, pour sainte Thérèse, pour cent autres, ne veut que mettre à l'épreuve leur foi, leur désintéressement et leur confiance.

Certes, il faisait noir dans l'avenir de Julie. Invariablement attachée à la résolution de se consacrer, sans réserve aucune, à l'apostolat de la jeunesse, elle ignorait encore la forme, les moyens, le lieu, la liberté même qu'elle aurait. C'était l'objet, parfois, de ses pieux soucis. Le Seigneur daigna faire luire à ses yeux une clarté inattendue, et soutenir en elle l'espérance.

Lorsque, au XIIIe siècle, S. Dominique entreprenait la fondation du grand ordre qui lui doit ses constitutions et son nom, il eut une vision, dans l'église de Saint-Pierre, à Rome. Il aperçut Notre-Seigneur dans sa gloire, élevé sur un trône lumineux d'où, tenant trois lances en sa main, il semblait prêt à percer tous les hommes et à foudroyer la terre. A ce moment, la divine Marie se jeta à ses pieds, et intercéda vivement pour les fils de l'Église, rachetés au prix du Calvaire. Et, comme le Juge répondait que les crimes des hommes étaient montés à un tel excès qu'il ne pouvait s'empêcher de les punir avec une rigueur extrême, Marie lui présenta deux de ses serviteurs, dont l'un était Dominique et l'autre le bienheureux François d'Assise, annonçant que, par la prédication de ces fidèles ministres de l'Évangile, par leurs bons exemples et ceux de leurs compagnons futurs, il se ferait un si heureux changement dans les mœurs des hommes que sa justice serait désarmée. Et, à ces supplications de sa mère, l'aimable JÉSUS cessait de se montrer irrité. — La joie de Dominique fut immense. Par là il se confirma dans ses projets, où il vit la volonté en même temps que la bénédiction du Ciel.

Un fait analogue, plus expressif encore s'il se peut, se trouve dans la vie de l'admirable fondatrice des Ursulines, sainte Angèle Mérici, au commencement du XVIe siècle.

Elle aussi se sentait pressée de dévouer ses jours à la jeunesse abandonnée qui l'entourait. C'était l'objet de ses méditations de tous les jours. Mais, orpheline, sans appui, sans instruction même, seule avec sa faiblesse, que pouvait-elle tenter ? Un jour, plus préoccupée que d'habitude, elle se livrait à une brûlante prière pour obtenir de Notre-Seigneur la manifestation de ses desseins sur elle : tout-à-coup une lumière étincelante éclate à ses yeux, et, du sol où elle est prosternée, sur les bords du lac de Garde, jusqu'au plus haut du ciel, une très longue échelle, semblable à celle qu'avait vue Jacob, s'élève devant ses yeux. Au lieu d'anges en parcourant les échelons, c'est une troupe de vierges ; troupe innombrable, revêtue de robes blanches, un diadème royal au front, comme un jour de splendide triomphe. Deux à deux, en une parfaite régularité, elles montaient et descendaient, chantant de doux cantiques d'une mélodie sublime, où l'on distinguait le son d'instruments aux mains d'un cortège d'anges qui les suivaient, et qui alternaient avec elles. Étonnée, saisie d'une joie ineffable, Angèle se plongeait dans la contemplation de ce spectacle. Et voici qu'une compagne chérie, émule de ses vertus, et que depuis peu elle venait de perdre, se détachant de la troupe, s'approche de la bienheureuse et lui dit, en l'appelant par son nom : « Angèle, » sache que DIEU t'a ménagé cette vision pour » te marquer qu'avant de mourir tu dois être » fondatrice, *à Brescia*, d'une société de vierges » semblables à celles-ci : telle est la disposition » de la Providence. » — Or, à ce moment, rien au monde ne permettait de prévoir que jamais Angèle verrait la ville de Brescia. Tout s'accomplit cependant ainsi, après mille vicissitudes et des souffrances de toute sorte [1].

Dieu réservait quelque chose de semblable à notre Julie.

Parmi ses élèves de ce temps-là, elle voyait venir à elle un de ces petits anges terrestres qui semblent destinés à ne faire que passer ici-bas, comme des hôtes d'un jour que le ciel cède à regret. Qui n'a connu quelqu'un de ces chérubins, à l'œil doux et profond, au visage respirant l'innocence, à la parole toute harmonieuse, toujours affectueux, aimable et empressé à l'obéissance, chérissant d'instinct ce qui est élevé, la prière, la charité pour les pauvres, une histoire attendrissante où la vertu est couronnée, le mal puni, Dieu glorifié? On éprouve auprès de ces petits je ne sais quelle émotion qui rassérène l'âme, l'embaume, lui rappelle la pureté d'Adam lorsqu'il s'élança des mains du Créateur. Tels furent saint Louis de Gonzague, saint Stanislas Kotska, sainte Lidwine, sainte Gertrude la séraphique, et de nos jours le bon Curé d'Ars, Catherine Emmerich, Marie Lataste; telle nous apparaît, au

---

[1]. Voir *Histoire de sainte Angèle et de tout l'ordre des Ursulines*, par M. l'Abbé V. Postel (1878), t. I, p. 32.

fond de son cachot, la victime du cordonnier Simon, l'auguste fils de Louis XVI.

La petite fille de qui nous parlons avait environ neuf ans. Pieuse, simple, docile, bienveillante pour ses compagnes, elle eut en outre comme des visions dont elle ignorait la source, et dont elle parlait avec une enfantine confiance, s'imaginant que tout le monde était dans les mêmes conditions qu'elle. C'est ainsi qu'un jour elle dit à sa maîtresse : « Mon grand-père vient de mourir tout-à-l'heure, de telle maladie ». Julie l'assura qu'elle rêvait, que ce malheur n'était point arrivé, que rien ne le faisait pressentir, et que d'ailleurs on en serait déjà instruit. L'enfant insistait : « Je sais bien que mon grand père vient de mourir à l'instant, répétait-elle : c'est le Bon DIEU qui a voulu cela ». En effet, quelques heures s'étaient à peine écoulées qu'on vint en hâte à l'école annoncer la mort imprévue et subite de cet homme.

Julie Postel, qui avait l'esprit trop large et trop éclairé pour donner soit dans la crédulité soit dans le scrupule, ne put s'empêcher néanmoins d'être frappée de ce qui venait de se passer.

Peu après, continue Mgr Delamare, à qui nous devons ce récit [1], cette même enfant est

---

1. *Vie de Julie Postel* (1852), p. 16.

atteinte d'une maladie mortelle. La maîtresse et le confesseur la jugent digne de faire, sur son lit d'agonie, sa première-communion. Le Saint-Sacrement est apporté, la divine cérémonie s'achève, le petit ange est toute à son adoration et à son bonheur, pendant qu'autour d'elle coulent les larmes des siens. Elle va expirer. Courbée sur la moribonde, Julie s'applique à lui dicter les plus suaves expressions d'amour envers Jésus, qui l'a visitée et qui l'invite à l'éternel festin. Alors cette douce victime, ouvrant ses yeux affaiblis, les fixe sur la maîtresse qui fut son ange gardien, et, comme poussée par une inspiration, lui dit clairement :
« Mère, vous formerez une communauté, à
» travers de grandes tribulations. Vous demeu-
» rerez à Tamerville. Pendant de longues
» années, vos filles seront très peu nombreuses,
» et on n'en fera nul cas. Des prêtres vous
» conduiront dans une abbaye. Vous ne mour-
» rez qu'à un âge très avancé, et vos religieuses
» seront alors les plus nombreuses du diocèse.
» Dans les dernières années de votre vie, vous
» vous occuperez constamment de votre
» église. »

Surprise de cette prédiction circonstanciée et si nette, admirant les vues de la Providence qui semblait déchirer les voiles de l'avenir pour lui donner du courage, Julie demanda à l'enfant si elle connaissait Tamerville, commune de

1400 habitants, voisine de Valognes, si on l'y avait conduite quelquefois ou si elle en avait entendu parler. La petite fille répondit qu'elle ne savait pas ce que c'était que Tamerville, mais que pour sûr, ainsi qu'elle venait de le dire, sa maîtresse habiterait là. Le fait était si étrange, la promesse si positive, que Julie inclina à y voir un avertissement de DIEU, et se confirma dans ses projets de dévouement.

Était-ce un miracle ? Il ne nous appartient pas de trancher la question, mais il nous est permis de dire que le fait sort véritablement de l'ordinaire, et qu'il répond à la bonté paternelle du Seigneur pour ceux qui l'aiment. Ne lisons-nous pas dans Isaïe, lorsque DIEU veut consoler son peuple : *Je répandrai mon esprit sur vos enfants, et ma bénédiction sur ceux qui vous appartiennent* [1] ? Joël, de son côté, annonçant les prodiges du temps de salut, n'écrit-il pas : *Vos fils et vos filles prophétiseront...; vos jeunes gens auront des visions* [2] ? Promesse que S. Pierre rappelle, au chapitre second des Actes, lorsqu'il répond au peuple de Jérusalem assemblé près du cénacle, le jour de la Pentecôte. DIEU n'envoie pas toujours du ciel ses anges, il sait aussi appeler à son œuvre ceux de la terre.

---

[1]. Effundam spiritum meum super semen tuum, et benedictionem meam super stirpem tuam. *Isaïe XLIV, 3.*

[2]. Prophetabunt filii vestri et filiæ vestræ...; juvenes vestri visiones videbunt. *Joel II, 28.*

Chapitre quatrième.
Séjour de J. Postel à Cherbourg.

DIEU n'appelle point une âme sans lui montrer la voie par où il la veut conduire; c'est à elle de se rendre attentive et obéissante, comme Abraham lorsqu'il fut invité à quitter sa patrie pour aller dans le pays de Chanaan, désigné à sa postérité. Julie avait une évidente vocation à la vie religieuse ; elle voulait la suivre, quels que fussent les obstacles, les souffrances, les contradictions, le manque de ressources.

« Ce n'est point, dit Bourdaloue, une chose indifférente, ni d'une légère importance, de manquer à la vocation de DIEU quand il appelle à l'état religieux. Nous avons là-dessus, dans l'Évangile même, un exemple qui seul suffira pour nous faire entendre à quoi s'expose quiconque ferme l'oreille à la voix du Seigneur et résiste à l'attrait de sa grâce... C'est celui de ce jeune homme qui s'adressa au Fils de DIEU pour apprendre de ce divin maître comment il pourrait parvenir à la vie éternelle. *Gardez les commandements,* lui répondit le Sauveur du monde. Sur quoi ce jeune homme répliqua : *Seigneur, c'est ce que j'ai fait jusques à présent, et ce que je fais encore*. Sainte disposition, où se trouvent communément ceux à qui DIEU inspire le dessein de la retraite, et qu'il veut s'attacher plus étroitement dans la religion... JÉSUS-CHRIST parut touché de la réponse du jeune homme qui lui parlait ; il témoigna concevoir pour lui une affection particulière ; il l'envisagea d'un œil de bienveillance, et, l'invitant à une sainteté plus relevée : *Si vous voulez*, lui-dit-il, *être parfait, allez, vendez tous vos biens, donnez-les aux pauvres, et suivez-moi.* — Voilà à peu près la vocation religieuse.

» Mais, continue Bourdaloue, c'est là même que le zèle de ce jeune homme commence à se refroidir. La proposition du Fils de DIEU l'étonne ; il lui est dur d'abandonner tous ses héritages et de s'en défaire : cette pensée l'attriste, il ne saurait s'y résoudre ; il se retire. Que s'ensuit-il, et qu'en doit-on naturellement conclure, sinon que ce jeune homme quittait les voies de la perfection, qui lui étaient ouvertes, sans quitter néanmoins les voies du salut puisqu'il gardait les préceptes, et que pour être sauvé c'est assez de les avoir observés ? — Mais le Fils de DIEU conclut bien autrement : car, se tournant vers ses disciples, *Je vous le dis en vérité*, s'écrie-t-il, *difficilement un riche entrera dans le royaume des cieux*. Quelle conclusion ! Quoiqu'elle regardât tous les riches en général, elle avait un rapport particulier à ce jeune homme, qui possédait de grands biens, et qui, par attachement aux richesses temporelles, avait seulement refusé de tendre à une plus haute perfection que la simple pratique des commandements. D'où il semblait que le Sauveur du monde ne dût tirer d'autre conséquence que celle-ci : Difficilement un riche parviendra à la perfection de mon évangile. Cependant il ne s'en tient pas là, mais il déclare expressément que ce riche de qui il s'agissait aurait bien de la peine à se sauver, et qu'il était fort à craindre qu'il ne se sauvât jamais. Pourquoi? Parce que, si la perfection qu'on lui avait proposée n'était pour les autres qu'un conseil, elle était devenue pour lui comme une obligation, en vertu de la grâce spéciale qui l'y appelait, et qu'il rendait inutile par sa résistance. — Il y va donc du salut. Et en faut-il davantage pour déterminer une jeune personne que la vocation divine porte à la vie religieuse, et qui sur cela se croit suffisamment instruite des volontés du Seigneur? C'est là qu'elle doit imiter, autant qu'il lui est possible, la promptitude et l'ardeur de Madeleine, qui, dans le moment, quitta tout dès qu'on vint lui dire : *Le Maître est ici et il vous demande...* [1] »

Tout quitter pour suivre son DIEU et lui gagner des âmes, c'était bien aussi la pensée

---

1. Bourdaloue, *de l'État religieux* (Vocation).

de notre fervente Julie. *Nul n'est prophète dans sa patrie*, a dit le Seigneur. Elle était cependant estimée, aimée, écoutée, dans la sienne, où elle avait fait et faisait encore tant de bien parmi un peuple honnête et bon. Mais, peut-être à cause de cette estime même dont son humilité avait à souffrir, elle résolut de chercher un autre théâtre à son zèle, d'autres moyens de dilater son œuvre.

L'inconstance, le découragement, le goût du nouveau, ne furent pour rien dans une telle détermination. Elle y eût été forcée par le seul état de sa santé, que de longs assujettissements et tant de travaux, unis à de continuelles austérités, avaient altérée, presque ruinée. Ajoutons que certaines dissensions régnaient, à Barfleur, entre les personnes les mieux intentionnées, sur la matière de la réorganisation des œuvres religieuses. Tous ne savaient point l'art des arts, qui est de s'immoler au bien sans ombre de retour personnel. Julie se trouvait dans l'obligation de prendre parti pour ou contre telle idée, telle personne, telle décision, et ce rôle fatiguait son cœur, avide de charité et de paix. Après avoir donc mûrement pesé sa résolution, elle laisse la moitié de son modeste mobilier au nouveau pasteur de la paroisse, qu'elle avait recueilli chez elle au retour de l'exil, et, promettant à Dieu de ne point retourner en arrière, elle prend le chemin de la plus importante ville du département, Cherbourg, où elle essaiera d'abord de rétablir ses forces, et puis étudiera dans le silence la volonté divine sur elle. On était en 1802.

L'une de ses premières visites, en arrivant dans ce nouveau séjour, fut pour le Saint-Sacrement, auprès duquel elle trouvait sa consolation et prenait tous ses conseils. C'était le matin, à l'heure de la sainte Messe, et dans l'église de la Trinité. Elle y fit sa communion quotidienne, et se sentit inspirée de demander, comme grâce spéciale, d'être dirigée vers le confesseur le plus propre à l'éclairer et à la guider. Elle savait de longue date combien ce choix importe dans les voies de la vie spirituelle, et, préservée de la moindre illusion sur ses propres lumières, à l'exemple de tous les saints, elle se défiait beaucoup d'elle-même. Cette disposition met le Bon DIEU pour ainsi dire en demeure d'intervenir efficacement. La Providence n'y manqua point, en cette circonstance comme dans les autres.

Non loin était une pauvre chapelle, celle de l'hospice : Julie, comme poussée par une force intérieure, y pénètre pour se recueillir encore, et, sans plus délibérer, apercevant le chapelain, croit avoir rencontré le directeur qu'elle cherche. Frappée de son air grave à la fois et plein de bonté, elle l'aborde, et entame avec lui la question de sa vocation, raconte son passé, expose ses désirs.

— « Je n'ambitionne ici-bas qu'une chose, dit-elle : travailler à la gloire de DIEU, m'immoler entièrement à ce but, et pour cela, d'une part, élever la jeunesse dans la science et la vertu, de l'autre, prendre soin des pauvres, qui sont nos frères et les amis de Notre-Seigneur. La Révolution a détruit toutes les congrégations vouées à ces œuvres si belles, si nécessaires : je voudrais, si DIEU le permet, en former une destinée à ce double objet selon les besoins présents et pressants. Depuis longtemps j'en nourris la pensée. C'est une grande entreprise et j'en suis sans doute indigne ; je veux cependant m'y consacrer, si DIEU le permet. »

Le bon prêtre fut ému de cette confidence, qui répondait à ses propres préoccupations. C'était un de ces ministres de DIEU comme l'état de la France les appelait après tant de malheurs : pieux, actif, plein du zèle le plus pur. Issu d'une des plus anciennes et des plus estimables familles du pays, il avait embrassé tout jeune l'état ecclésiastique, et s'était d'abord occupé d'enseignement particulier dans une famille ; la persécution venue, on n'avait pu lui arracher le serment schismatique, il avait préféré la route de l'exil, où il passa plusieurs années. Au retour, il refusa toute dignité, accepta le poste humble et laborieux d'aumônier de l'hospice de Cherbourg, et s'y enferma pour s'occuper des pauvres. Les pauvres étaient l'objet principal de son dévouement sacerdotal ; il était résolu à vivre pour eux et avec eux. On juge si la communication de Julie Postel lui alla au cœur. C'était une réponse de la Providence à ses vues charitables ; devant lui se tenait la personne qu'il désirait si ardemment trouver pour la réalisation de ses plans. Pourtant il fallait n'avancer qu'avec prudence et circonspection. Qui sait si ce mouvement du cœur se maintiendra ; si ce zèle ardent, qui s'exprime d'ailleurs avec tant de simplicité, n'est point mêlé de quelque présomption ?

L'abbé Cabart poursuivit donc son interrogatoire. — « Pour une entreprise comme la vôtre, dit-il à Julie, la bonne volonté, la pureté des intentions même, ne suffisent pas toujours. Les ressources matérielles sont indispensables : en avez-vous quelques-unes ? » L'excellente fille y avait bien songé, mais sans préoccupation, sans inquiétude : elle attendait tout du Père divin qui la poussait intérieurement. — « Des ressources ! répondit-elle résolument : celles que j'apporte, c'est la bonté de Dieu, c'est le travail désintéressé, c'est la pauvreté personnelle à laquelle je me suis vouée. » Et montrant ses cinq doigts, elle ajouta : « Mais rentes sont là, Monsieur l'Abbé ! »

Cet esprit de foi et cette énergie affermirent

la confiance du vénérable chapelain. Il comprit définitivement que ses vœux étaient exaucés. Quand deux âmes marquées au cachet de l'élection divine se rencontrent, elles s'unissent aussitôt en DIEU, se pénètrent l'une l'autre pour ainsi dire, et n'aspirent plus qu'à marcher de concert à la montagne où le Ciel les appelle. — « Je le crois maintenant, répliqua M. Cabart, vous êtes précisément la personne que je cherchais depuis longtemps. Vous l'avez bien dit, tout nous manque ici pour l'éducation chrétienne des filles, depuis que Cherbourg a perdu ses anciennes Sœurs de la Providence. Il est indispensable de remédier à cet état de choses, et c'est DIEU, je n'en doute plus, qui vous adresse à nous dans cette pressante nécessité. Il n'y a point à retarder. Une maison va être louée, et nous commençons immédiatement. — Je suis prête, répond Julie. Oui, nous allons commencer, sous le patronage de la Mère de Miséricorde. »

Marie était là, en effet. Les évènements le montrèrent bien. Quant à Julie Postel, admirant en son cœur la protection céleste qui se manifestait si vite, elle s'anima dans sa ferveur, et, malgré sa mauvaise santé et les fatigues dont elle cherchait naguère le repos, elle ouvrit son école. Le succès en fut très-grand. Quelques semaines ne s'étaient pas écoulées qu'elle avait autour d'elle trois cents élèves de toutes les conditions. Déjà formée à ce ministère, elle n'eut qu'à appliquer sa méthode de Barfleur, qui avait donné de très bons résultats, et qui, pour la substance, n'était autre que celle des Frères des Ecoles Chrétiennes, consacrée par un siècle et demi de pratique. La pédagogie de nos jours, si fière d'elle-même et si bruyante, ne l'a point surpassée, et il est vrai de dire que ce qu'elle a de bien conçu et de bon a été puisé à cette source. Julie ajouta successivement, suivant les lumières de son expérience, des dispositions et des règles modifiées ou nouvelles, et le tout fit plus tard le trésor de sa communauté enseignante.

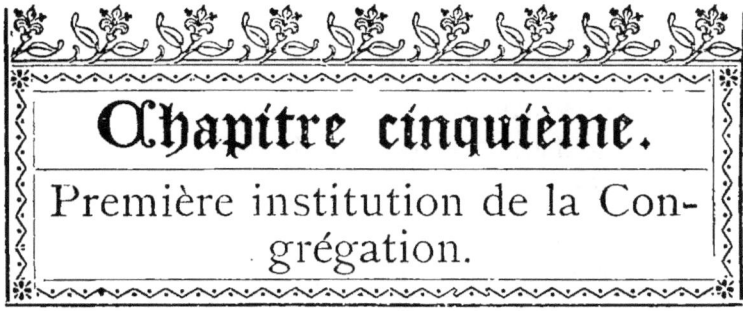

Chapitre cinquième.
Première institution de la Congrégation.

C'EST donc en 1802, ainsi qu'on vient de le lire, que prit vraiment naissance, à Cherbourg, l'œuvre que la bonté de DIEU devait bénir et grandement étendre. Elle commença dans une école fondée sur les seules ressources de la Providence, par un humble prêtre et une simple chrétienne plus humble encore. Telles sont les voies ordinaires de DIEU : avant la gloire de Pâques, l'étable de Bethléhem et les indigences de la crèche.

Le travail, avec un si grand nombre d'enfants, était au-dessus des forces d'une seule personne. Cette école, en outre, devait être considérée non comme le but et le terme mais comme un premier jalon, une première action, marquant le point de départ. Il s'agissait d'une congrégation à former. Julie redoublait ses prières pour obtenir de la main du Seigneur les compagnes les plus propres à la comprendre, et à joindre leur sacrifice au sien. Là est toujours la plus sérieuse difficulté des fondations. Mais, par une loi de Providence que connaissent bien les chrétiens, le dévouement devient contagieux dans les âmes de bonne race, et ces âmes là sont communes dans la famille de JÉSUS-CHRIST. Julie, tranquille en son espoir, sachant que le Bon DIEU veillait pour elle, attendait et continuait de prier.

La première fille spirituelle lui arriva de Barfleur même. Julie avait laissé là une amie pieuse comme elle, que son départ avait attristée, et qui, à peine informée de la création de l'école de Cherbourg, voulut s'y consacrer elle aussi. Jeanne-Catherine *Bellot* était la tante d'un ecclésiastique de mérite, plus tard chanoine de Coutances. Son arrivée causa à la fondatrice une joie très vive. Ces deux âmes étaient dignes l'une de l'autre, et ne cessèrent de s'animer mutuellement au saint combat de la charité envers les enfants qui leur étaient confiées, et dont elles se faisaient les mères aussi bien que les institutrices.

Le troisième sujet, Louise *Viel*, était une ancienne élève de Julie Postel, venue à Cherbourg à l'occasion du sacrement de Confirmation qu'elle se disposait à recevoir, et auquel en ce moment on préparait enfants et adultes. Ainsi, en très peu de temps la congrégation désirée comptait une supérieure, une novice et une postulante.

L'abbé Cabart avait reçu de l'évêché tous les pouvoirs spirituels pour gouverner le naissant troupeau ; le vicaire-général spécialement chargé des arrondissements de Cherbourg et de Valognes, M. l'abbé Dancel, approuvait, de son côté, la religieuse entreprise. La supérieure n'en désira pas moins une autorisation directe et une bénédiction du premier pasteur du diocèse. Elle estimait, à bon droit, que cette bénédiction et cette reconnaissance mettraient le sceau à sa vocation, encourageraient ses filles et en appelleraient de nouvelles. L'évêque de Coutances, Mgr Rousseau, étant donc venu à Cherbourg, sur ces entrefaites, pour la Confirmation annoncée, Julie et ses compagnes lui furent présentées dans l'église de la Trinité, devenue chère à la fondatrice depuis qu'elle y avait entendu sa première messe de Cherbourg, et que Dieu y avait répondu à ses supplications. Le pontife fut charmé de tout ce qu'il apprit, encouragea hautement l'œuvre, qu'il compara au grain de sénevé de l'Evangile, et exprima l'espoir qu'elle allait grandir et porter ses fruits. C'était ce que souhaitait ardemment Julie. Désormais munie de la mission de son évêque, elle sentait que l'essor principal était pris, et que vraiment la fondation était faite. Peu lui importaient, au surplus, sa personne, le nom que l'on adopterait, le lieu de la résidence : l'Église allait avoir une famille de plus d'âmes mortifiées, agissantes et dévouées; les jeunes filles auraient des directrices et des amies chrétiennes; l'empire du démon serait diminué d'autant : voilà ce qu'elle envisageait ; elle ne cherchait point d'autres avantages.

Le lecteur remarquera combien un tel sacrifice avait de mérite, à l'âge de Julie Postel. Née en 1756, elle avait quarante-six ans lorsqu'elle vint à Cherbourg ; sa jeunesse et ses vives ardeurs étaient donc passées, les forces aussi en grande partie. C'est l'heure où chacun a fixé sa vie, et non point celle où l'on en change, ni surtout où l'on court au-devant des complications et des travaux. Il n'y a que la religion pour maintenir dans un cœur les énergies premières, et le rajeunir en face du sacrifice, sans égard au fardeau des années.

Les vœux ne furent point prononcés tout de suite. On s'étudia d'abord à la pratique, dans l'humilité, les privations, l'immolation journalière, l'obéissance exacte, l'observation d'un règlement qu'il s'agirait ensuite de fixer. L'expérience serait la meilleure lumière. C'est pourquoi on ne jugea point qu'il fallût se presser pour la rédaction définitive des constitutions. La supérieure était la règle vivante, qui indiquait l'instant et la forme des exercices. Le silence presque continuel, en dehors des classes, fut considéré comme un point fondamental. De plus, afin de se rapprocher des anciens ordres, on s'imposa de réciter, non pas seulement le petit office de la Sainte Vierge, mais le grand office, le bréviaire du diocèse. Combien il était édifiant de voir ces bonnes filles, dans leur étroite maison, après les labeurs de l'enseignement, se réunir pour dire ensemble la prière publique de l'Église, longue parfois, et dont elles n'avaient pas même la consolation de comprendre le texte latin ! Elles savaient qu'elles parlaient avec les religieux et les prêtres du monde catholique, que c'étaient les louanges de DIEU qu'elles répétaient, et pour elles c'était assez.

On adopta un costume sévère et simple, le même, à peu de chose près, qui se porte encore dans la congrégation.

Plusieurs années s'écoulèrent de la sorte, sans que de nouvelles vocations se manifestassent en nombre. La quatrième sœur vint de Caen, et s'appelait Angélique *Ledanois*.

En 1807, Julie Postel, ayant cinquante-et-un ans, choisit le jour de la Nativité de Notre-Dame, 8 septembre, pour l'énonciation des vœux. La cérémonie s'en fit dans la chapelle de l'hospice, en présence du supérieur, M. l'abbé Cabart, délégué à cet effet par l'évêque de Coutances. L'érection canonique et l'institution régulière de la congrégation en étaient les conséquences. En se plaçant sous le patronage de Marie, les Sœurs s'attachèrent plus spécialement à son titre de *Mater Misericordiæ*, et s'intitulèrent SŒURS DES ÉCOLES CHRÉTIENNES

DE LA MISÉRICORDE : dénomination touchante qui n'a point été changée. Elles étaient quatre : Julie *Postel*, Catherine *Bellot*, Louise *Viel*, Angélique *Ledanois*. Ces souvenirs seront conservés avec respect. — Lorsque le célébrant demanda à Julie quel nom elle voulait porter en religion : — « Amante du Sauveur, répondit-elle : c'est-à-dire *Marie-Madeleine.* » Louise Viel devint Sœur *Marie ;* les Sœurs Bellot et Ledanois gardèrent leurs noms de baptême, *Catherine* et *Angélique*.

Nous ne devons pas omettre de dire que l'école des nouvelles sœurs comprenait des ateliers de travail, où l'on exerçait les enfants à l'économie domestique et à gagner leur vie : car c'était, avant tout, des petites filles pauvres que l'on s'occupait. L'école étant gratuite, c'était par ces travaux qu'on la soutenait, et même avec assez de succès pour pouvoir encore distribuer aux indigents des aumônes relativement considérables. En ceci comme en tout le reste, Julie était à la tête de sa petite communauté et de ses écolières ; elle gagnait jusqu'à trois francs dans une journée ; somme qui en représenterait peut-être six aujourd'hui. Très habile de ses doigts, apportant en tout ce qu'elle faisait autant de goût que d'activité et de soin, elle était devenue excellente fileuse, et fournissait un fil extrêmement fin qui était recherché. Elle économisait la lumière pour faire son tricot, et lorsqu'elle préparait des bas pour ses sœurs ou pour les pauvres. Une de ses charités de prédilection était d'habiller les malheureux.

D'autre part, nous dit le premier historien, la dépense des bonnes sœurs était minime. Outre qu'elles couchaient sur la paille, et que leur vêtement, d'une étoffe grossière, était entièrement préparé par elles-mêmes, leur nourriture, semblable à celle des anachorètes de l'Égypte et de la Palestine, ne se composait le plus souvent que de pain sec et d'eau, sauf la soupe au beurre ou à la graisse ; jamais de viande ni de poisson. Elles imitaient encore S. Paul, qui travaillait la nuit pour ne point être à charge aux premiers fidèles. Comme Julie l'avait fait à Barfleur pendant de longues années, elles veillaient presque toute la nuit du jeudi au vendredi, pendant laquelle, après les travaux ordinaires du soir et la récitation du grand office, elles faisaient les stations du Rosaire ou celles du Chemin de la croix, jusque vers le matin. Le besoin du sommeil était combattu par des chants analogues aux mystères de Marie ou aux douleurs du Calvaire, et par les paroles de feu, toujours nouvelles, qui s'échappaient du cœur embrasé de la vénérée Supérieure.

Ce devait être, pour les anges du ciel, une scène admirable que cette adoration nocturne d'humbles filles déjà épuisées par les fatigues de la journée, et n'estimant jamais en avoir assez fait. Toutes les fondations d'ordres, dans notre histoire catholique, se font par des merveilles semblables. C'est la charité qui dresse le monument et qui ouvre la porte aux âmes, c'est la prière qui les y console, la mortification qui les maintient à la hauteur d'une vocation si grande. Heureuses les familles religieuses qui ne perdent point la mémoire de leurs édifiantes origines, et s'appliquent à en ressusciter incessamment l'esprit ! N'est-ce pas le meilleur rempart contre le relâchement ?

Julie vit augmenter le nombre de ses filles, en même temps que les règles et constitutions prenaient, par l'usage et l'expérience, des formes plus certaines. En 1811, neuf ans après son installation à Cherbourg, elle avait six novices, élevées par elle, confirmées dans leur vocation et décidées à ne point retourner en arrière : elles furent admises, le 7 mars de cette même année, à prononcer leurs vœux.

Les progrès de l'œuvre, pour être lents, n'étaient pas moins visibles, plus peut-être par le nombre des élèves que par celui des sœurs.

Chapitre sixième.
Séjour à Octeville-la-Venelle. Epreuve de la pauvreté.

JULIE Postel avançait chaque jour en vertu. Sa vie devait être longue encore, et elle était résolue à en marquer les années par une plus parfaite union à Notre-Seigneur, un plus entier détachement d'elle-même.

Certes, elle avait jusqu'ici, en même temps que l'oraison, l'humilité, l'abnégation, pratiqué une pauvreté rigoureuse, mais la Providence lui réservait sur ce point une épreuve capable d'abattre un courage moins surnaturel et moins ferme que le sien. Ce caractère, trempé en DIEU, était d'acier. Julie, une fois ses résolutions formées, marchait généreusement en avant, se fiant à la protection du Maître divin, qui jamais ne lui manqua.

C'est par l'exaltation de la pauvreté et du renoncement aux biens de ce monde que JÉSUS-CHRIST ouvre la série des huit béatitudes. *Bienheureux les pauvres en esprit*, les pauvres de bon gré et de choix, *car le royaume des cieux leur appartient*. Ce qui en fait encore mieux ressortir l'éloge, dit le P. Rodriguez, c'est que lui-même nous l'a enseignée toute sa vie par son exemple ; et c'est même la première leçon qu'il a donnée en venant au monde. L'étable et la crèche où il naît, les langes qui l'enveloppent, le foin sur lequel il repose, l'haleine des animaux qui sert à le garantir du froid, tout cela nous prêche la pauvreté et nous en fait sentir le prix. Ç'a été aussi la dernière leçon du Sauveur, et la croix a été la chaire d'où il nous l'a recommandée en mourant. Il mourut dépouillé, et si pauvre qu'il fallut que Joseph d'Arimathie achetât un linceul pour l'ensevelir. Quelle plus étrange misère peut-on imaginer ? et la fin ne répond-elle pas bien au commencement ?

Toute sa vie a été de même. Il n'avait ni un denier quand il fallut payer le tribut, ni une maison où il pût célébrer la pâque avec ses disciples, ni une demeure où il pût se retirer. *Les renards*, dit-il, *ont des tanières, les oiseaux du ciel ont des nids, et le Fils de l'Homme n'a pas où reposer sa tête.* Veut-il amener un jeune homme à la perfection, il l'engage à renoncer à tous ses biens, ainsi que nous le rappelions plus haut. Dans la primitive Église de Jérusalem, les possessions étaient en commun ; ceux qui avaient des maisons et des héritages les vendaient, et en apportaient le prix aux pieds des Apôtres.

C'est conformément à la sainteté de cette

doctrine, et à l'ancienneté de cette pratique, que tous les saints et les fondateurs d'ordres ont mis le vœu de pauvreté pour fondement à la vie religieuse. S. Ignace, par exemple, dit qu'il la faut considérer comme le mur de défense, et la maintenir dans sa pureté. Dans le monde, les richesses sont le fondement des États et des grandes maisons : dans le cloître, la pauvreté est le fondement de l'état religieux : et cela parce que l'édifice à élever est absolument différent.

Ces principes furent ceux de Julie, à qui Dieu donnait le sentiment de son œuvre, et qui pensait comme les saints. Elle parlait souvent à ses sœurs du bonheur du détachement complet ; elle leur disait qu'elles ne seraient fortes qu'en le pratiquant de toutes les manières, parce qu'ainsi elles seraient obligées de placer en Dieu seul toute leur confiance. Le temps était venu d'éprouver la solidité de ces dispositions.

Soit à cause du développement de la fondation, soit parce que les anciennes Sœurs de la Providence se réorganisaient pour reprendre leur apostolat d'avant la Révolution, soit afin d'obéir à l'instinct secret qui l'attirait vers les besoins des campagnes, qu'elle croyait l'objet plus providentiel de son zèle, Julie se détermina à quitter Cherbourg, trois ans et demi après que ses filles y avaient prononcé leurs premiers engagements. La maison, assez étroite, ne suffisait plus à contenir élèves et maîtresses, et, dans de telles conditions, l'œuvre ne pouvait se développer. Le supérieur, consulté, donna son agrément au changement de résidence. Mais où aller ? car il n'entrait pas sous le sens d'espérer acheter, ou même louer, une autre et suffisante maison dans une ville où tout est si cher. Il s'agissait d'un centre pour la congrégation constituée, d'une maison-mère d'où elle pût rayonner dans le diocèse, en envoyant aux paroisses qui en feraient la demande des religieuses formées, qu'elle recevrait ensuite dans la vieillesse et les maladies. La maison-mère d'une congrégation c'est son foyer domestique, la demeure paternelle.

Un premier essaim de Sœurs avait été envoyé dans une petite commune appelée Octeville-la-Venelle, située entre Barfleur et Valognes, dans le canton de Quettehou, et qu'il ne faut point confondre avec un autre Octeville, au sud et tout près de Cherbourg. La Sœur Lecomte, qui y était née, puis Sœur Thérèse et Sœur Pélagie, y tenaient l'école, à la satisfaction des habitants. C'est là que notre pieuse fondatrice pensa à transporter sa chère famille : car la bonne Sœur Lecomte espérait qu'on aurait assez de place dans une maison appartenant à ses parents, et qu'ils abandonneraient de bon cœur pour un tel objet. C'était alors la seule issue. Julie, après avoir prié, délibéré, consulté, se mit en route. — Ici nous devons emprunter à Mgr Delamare, sans y rien changer, quelques pages du récit de cet exode. La simplicité du langage, la vérité des couleurs, en font un chapitre intéressant [1].

« Tout le mobilier de la communauté est mis dans une seule charrette. Au milieu des quelques bagages, la tendre mère enchâsse avec soin ce qu'elle possède de plus précieux : ce sont deux orphelines. L'une est de la Savoie ; l'autre, abandonnée par ses parents dans une église de Cherbourg, est de la ville de Caen. Elle les préparait à faire leur première-communion. Toute autre eût dit peut-être : Quelle charge ! pour elle, c'est son trésor, après trente-sept ans des plus rudes travaux. Les deux Sœurs Thérèse sont à leur poste ; les six autres religieuses et la vénérée Supérieure sont portées par quatre chevaux plus ou moins mal enharnachés. Le modeste convoi passe par Valognes. En longeant Tamerville, la Supérieure dit : A coup sûr, nous reviendrons là, d'après les prédictions dont je vous ai souvent entretenues à Cherbourg.

» On arrive enfin au terme de la course. Mais quelle ne fut pas la surprise des Sœurs

---

[1]. *Vie édifiante de Julie Postel*, pp. 27 et suiv.

en voyant que, en dehors de la salle d'école, il n'y avait pour les loger qu'une étable spacieuse ! On en avait tiré les animaux la veille. A ce spectacle, la jeune sœur Marie, déjà économe et qui le fut près d'un demi-siècle, s'écria : — Eh bien, notre Mère, vous nous avez souvent répété que nous n'étions pas encore, comme notre Sauveur, dans l'étable de Bethléhem : nous y voilà ! Êtes-vous contente ? — Elle était réellement satisfaite. Elle avoua plus tard qu'une de ses meilleures consolations avait été d'avoir ce trait de ressemblance avec le divin Rédempteur.

» Les paillasses sont provisoirement placées sur les solives recouvertes de foin. L'école continue de se faire dans la seule pièce passable, et l'atelier de travail des Sœurs est organisé dans l'étable. — Travaillons ! disait l'intrépide Supérieure. J'aimerais mieux dix francs gagnés par mes doigts que mille dont on me ferait cadeau par charité : nous prendrions sur la portion des pauvres, que nous devons au contraire contribuer à nourrir.

» Le vénérable abbé Cabart était accouru pour voir ce qu'étaient devenues ses filles ; il repartit aussitôt, fondant en larmes. — Je ne croyais pas, disait-il en s'en allant, qu'elles tomberaient dans une si grande pauvreté.

» On fit quelques petites améliorations, et on demeura six mois dans cet étrange état de

Liv. II, Ch. VI. — Pauvreté.

misère. Peu après la visite de M. Cabart, notre Supérieure s'était rendue à Cherbourg afin de conférer avec lui sur les moyens de se procurer un asile convenable ; on n'avait pu s'arrêter à aucun projet, par défaut de ressources. Au bout de quelques semaines, elle écrivit à ce bon père une lettre que nous allons reproduire textuellement : on y verra l'expression même des sublimes sentiments de sa grande âme.

« Mon très cher Père,

» Il me semble que ce serait inutilement que je m'efforcerais de vous exprimer les sentiments dont mon âme est pénétrée : vous les connaissez... Si la véhémence de mes désirs s'augmente et me fait souffrir, l'abandon total à la volonté de DIEU me procure une paix et une tranquillité parfaites dans mon exil.

» Demandez pour moi, je vous prie, mon très cher Père, qu'il plaise au Seigneur de me donner toujours cette soumission parfaite, afin que, s'il veut prolonger cet exil, il me trouve disposée à baiser humblement la main bienfaisante qui frappe par miséricorde.

» Je reconnais bien sincèrement que j'étais indigne de jouir plus longtemps du bonheur de votre respectable présence, de vos saints avis, de votre conversation. En ayant si peu profité, il est bien juste que j'en souffre la privation. Que le nom du Seigneur soit béni. Tout prêtre approuvé à le pouvoir de remettre les péchés : cela me suffit.

» Mais, mon cher Père, de grâce continuez toujours, quoique éloigné, votre charité envers votre enfant, laquelle ne parlerait pas d'exil s'il lui était possible de profiter, de temps en temps, de vos salutaires avis. Pourtant il est vrai que j'en conserve toujours l'esprit, les sentiments ; que j'agis toujours par les mêmes principes : c'est ce qui fait tout mon bonheur et toute ma consolation. Oh certes ! ils sont si bien empreints dans mon âme qu'il est comme impossible qu'ils en soient jamais effacés. Ah ! si je pouvais vous l'envoyer, cette âme, afin qu'elle vous répétât, tant que vous le lui permettrez, qu'elle est toujours sous votre conduite et docile à vos leçons !

» Il a plu à Dieu d'appeler à lui notre sœur Thérèse : je n'ai pas besoin de la recommander à vos prières.

» Je vous prie de me mander si vous savez quelque chose d'intéressant de la religion et du Saint-Père [1].

» Je laisse et abandonne toutes nos affaires, temporelles et spirituelles, entre les mains de Dieu et dans les vôtres, mon cher Père. Par ce

---

[1]. Pie VII, arraché sacrilègement de la ville de Rome, était alors détenu dans une étroite captivité par Napoléon. Il n'en sortit qu'en 1814.

moyen, je suis tranquille. Je me plonge dans la volonté de DIEU comme le poisson dans l'eau. — Peut-être ne passerez-vous pas l'été sans retourner à Valognes. — Encore une fois, que la très sainte volonté du Seigneur s'accomplisse. Amen.

» POSTEL, *pauvre fille de la Miséricorde*.
» Octeville-la-Venelle, 4 juin 1811. »

La mort avait donc déjà visité la petite famille. Elle frappa bientôt un nouveau coup, sur l'une des deux orphelines amenées de Cherbourg. Cette enfant avait nom Dorothée Bourbon ; c'était celle qui était née à Caen. Avec un cœur sensible et dévoué comme celui de Julie, ces deux pertes furent pour elle une autre épreuve, et bien cruelle. DIEU ne défend point à ses serviteurs de pleurer sur la tombe de leurs amis, de leurs parents ; car la mort est un châtiment, nous ne fûmes pas créés pour elle. Lui-même ne versa-t-il des larmes auprès du corps de Lazare? Lorsque S. Bernard, cet homme si mortifié, si complètement détaché de la terre, fit entendre les accents d'une douleur extrême à la mort de son frère, il n'offensait point DIEU [1].
« Pourquoi le dissimuler ? s'écrie-t-il : une
» pointe aiguë me traverse le cœur, d'autant

---

1. *Les Douleurs de la vie*, par M. l'abbé V. Postel (Palmé, 1877), p. 85.

» plus cruelle que nul ne la voit. Qu'ai-je à faire
» de cantiques, moi qui suis enfoncé dans la
» douleur et le deuil ? L'affliction a brisé mon
» âme, accablée, broyée sous la main du Sei-
» gneur. En voyant mourir celui de qui la pré-
» sence assurait la paix de mes travaux, c'est
» mon cœur que je sens expirer... » Qui ne connaît les accents pareils de S. Augustin sur sa
mère Monique, de S. Ambroise sur le trépas de
son frère Satyre ? [1]

Julie éprouva ces angoisses du cœur ; mais, toujours unie à la volonté de DIEU, elle n'y faiblit pas, et comprit que DIEU la bénissait par l'affliction. C'est notre gloire et notre félicité, à nous chrétiens, d'avoir dans le Seigneur le dernier mot des misères de l'existence terrestre.

---

1. V. *Les Larmes des Saints dans la perte de leurs proches*, par le P. Angelini, traduct. V. Postel (R. Ruffet. 1864).

Chapitre septième.
La Communauté à Tamerville.

L'ESSAI tenté à Octeville-la-Venelle n'avait aucune des conditions pour la réussite; tout avenir paraissait vraiment fermé à la petite et indigente communauté; le Ciel se prononçait. Il était donc nécessaire de chercher un autre établissement. Julie s'en occupa au bout de quelques mois.

Elle avait traversé Tamerville, on l'a vu, pour venir dans le village d'Octeville. Elle s'y était souvenue de la prédiction de sa jeune mourante de Barfleur, et rien ne pouvait lui ôter de la pensée qu'il y avait là pour elle un port. Ce n'est pas que Tamerville, rapproché de Valognes, fut beaucoup plus considérable qu'Octeville-la-Venelle, le bourg ne renfermant que 1400 habitants; seulement, il s'y trouvait une maison dont il était assez facile de tirer un excellent parti: nous voulons dire une ancienne école, occupée, avant la Révolution, par les Sœurs de la Providence, qui l'avaient elles-mêmes construite pour cet usage, et que les spoliateurs avaient vendue, comme toutes les possessions de l'Église, à titre de *bien national*, ou bien nationalement volé. Julie se rendit sur les lieux, et entra en pourparlers avec la propriétaire actuel. C'était M. de Saint-Sauveur, très bien disposé. Il se déclara prêt à un arrangement, si l'on parvenait à faire résilier un bail écrit, passé avec une personne du bourg. De ce côté était l'obstacle : car cette personne, peu édifiante dans ses mœurs, était naturellement fort mal portée pour toute œuvre religieuse, et ne se prêterait point à une concession quelconque.

Julie vit qu'il y avait à entreprendre un assaut, et, munie de son arme ordinaire, la prière, elle se décida à le tenter immédiatement. Elle se présente chez la locataire, la salue poliment ; puis, sans ménager les transitions : « Je voudrais bien savoir, lui dit-elle, ce que vous faites ici, Mademoiselle ! Vous occupez une maison bâtie par des religieuses, pour l'honneur de DIEU, et longtemps habitée par elles. Pensez-vous qu'elle ait présentement sa destination, alors surtout que circulent des récits qui vous sont peu favorables ? Le mal doit-il sortir du lieu d'où naguère sortait le bien ? Pensez à DIEU, Mademoiselle : on ne plaisante pas avec sa justice, et elle s'exerce pendant une éternité... Méditez ce mot, éternité ! » — Terrifiée de cette sortie inattendue, frappée du souvenir de cette justice divine dont elle détournait ses regards depuis tant d'années, n'osant pas d'ailleurs se fâcher parce qu'elle se sentait subjuguée, cette femme répondit comme en tremblant : — « Que voulez-vous donc que je fasse ? — Partir ! dit la Supérieure : car DIEU me veut ici, avec les compagnes qu'il m'a données pour former les jeunes filles par une éducation chrétienne. — Mais j'ai un bail. — Passez-le à mon nom. — J'ai besoin de réfléchir. »

La locataire, à partir de ce moment, n'eut plus guère de repos. L'image de ses fautes ne la quittait plus ; elle entendait continuellement résonner à son oreille les menaces de l'éternité. La grâce, il faut le croire, agissait secrètement. Ce qui est certain, c'est qu'un beau jour elle partit elle-même pour Octeville, et l'affaire fut conclue, sur l'approbation du vénérable abbé Cabart, à qui Julie avait adressé les deux lettres suivantes, qui sont à conserver.

« Mon très cher Père,

» Depuis le bonheur de votre visite, il me semble que le désir de voir finir mon exil s'augmente de plus en plus, quoique je veuille y être jusqu'à la fin de ma vie si c'est le bon plaisir de DIEU. Néanmoins sa bonté dispose toujours les choses de telle manière que mon espérance se fortifie à mesure que mes peines augmentent. Oh ! ce n'est pas en vain que ce tendre père m'en a donné un autre sur la terre, dont la charité paternelle ne souffre point de diminution par la distance des lieux ; au contraire.

» Mais, mon très cher Père, je crois que voici le moment; voici une occasion favorable que Dieu vous présente pour délivrer vos enfants. Aujourd'hui le propriétaire du couvent de Tamerville est venu, envoyé par un des paroissiens, son ami, auquel j'ai parlé, il y a sept semaines, pour nous donner la préférence. Voulant le fieffer dès ce moment, il serait charmé que ce fût à des personnes comme nous, parce qu'il servait à un tel usage autrefois. Je lui ai dit que je lui rendrais réponse aussitôt que j'aurais l'avis de M. Cabart notre supérieur. Il doit aller à Cherbourg à la fin de la semaine : ainsi, il ira vous parler.

» Je ne vois en tout cela que la divine Providence, qui conduit tout à ses fins. Car vous savez, mon cher Père, combien il serait avantageux d'avoir une maison fixe, afin de pouvoir y faire ce que je sens que Dieu veut de moi, misérable, puisqu'il est vrai qu'avec toute ma soumission à sa très sainte volonté je ne puis empêcher ces grands désirs, ces ardeurs qui me consument.

» Nous n'aurons qu'une rente à payer, et nous serons chez nous; et, ce qui fait mon plus grand bonheur, plus à portée de recevoir vos avis, de me conformer en tout et partout à votre volonté, dans laquelle je verrai toujours celle de Dieu.

» Hélas! mon très cher Père! je suis dans

un affreux désert. J'attends la terre promise. Hâtez-vous de m'y faire entrer, puisque c'est vous dont Dieu veut se servir pour me procurer un si grand bien. A Dieu ne plaise que ce soit pour me délivrer de quelques-unes des compagnes de Jésus ! [1]

» Si j'ai le bonheur que vous fieffiez la maison du couvent, et que cette affaire vous occasionne un voyage à Valognes, je vous prie de me le mander. Je m'y rendrai, parce que j'ai plusieurs choses à vous communiquer. »

Cette lettre complète les premiers détails de la démarche, telle que nous l'avons rapportée. Voici la seconde, qui en fournit la suite.

« Mon très cher Père,

» Il paraît que le Bon Dieu veut que nous allions à Tamerville : il lève tous les obstacles. La séculière du couvent est venue hier nous offrir d'en jouir à sa place, en nous cédant son bail, ayant pouvoir de louer à qui elle voudra. Ainsi, nous en jouirons encore deux ans sans que les affaires du propriétaire y mettent obstacle. Je lui ai promis réponse aussitôt que j'aurai l'honneur de la vôtre, afin qu'elle se pourvoie d'un autre logement. La Providence permet, sans doute à cause de nous, qu'elle s'ennuie dans celui-là. Je serais bien aise que

---

1. C'est-à-dire de l'humiliation, de la souffrance, de la pauvreté, de la tristesse.

le propriétaire en fût instruit, s'il est nécessaire.

» Je désire, mon cher Père, que vous ayez la bonté de voir M. le Curé de Tamerville à ce sujet, ainsi que M. le Maire. Mais que dis-je ? vous savez bien mieux que moi ce qui convient. Vous penserez sûrement que nos saints patrons nous ont obtenu cette faveur, puisque hier 29, vigile de leur fête, cette personne est venue elle-même nous faire cette offre inattendue.

» Depuis mon dernier voyage de Cherbourg, je n'osais presque plus parler au Bon DIEU d'un logement, mais je le faisais demander tant que je pouvais par mes compagnes, grandes et petites, et je leur disais, avec une ferveur que j'avais peine à contenir : — Mes chères Enfants, demandez au Bon DIEU une grande maison remplie de pauvres, dans laquelle il soit bien servi ! — Oh ! qu'il est vrai qu'il ne refuse rien à une humble prière !

» Si le voyage que vous devez faire à Valognes était proche, j'en serais bien contente : car le tout peut se faire dans le même temps. Mais, mon cher Père, j'ai promis réponse cette semaine, et ai donné bonne espérance qu'il n'y aura pas d'obstacles. Ainsi, je vous prie d'agir en conséquence, vous promettant toujours mon humble obéissance à toutes vos décisions. Peut-être trouverez-vous des difficultés, lesquelles je n'aperçois pas, dans la rétrocession du bail; mais que tout serve à la plus grande gloire de DIEU. »

Ces lignes respirent une foi toujours vive, une soumission parfaite au directeur qui représente Dieu, une simplicité de confiance toute chrétienne. Qui ne serait touché de ce désir d'une « grande maison remplie de pauvres », de la part d'une religieuse si pauvre elle-même, et qui ne souhaite d'établir mieux ses filles que pour les mettre en état de pratiquer plus amplement la charité ? D'elle-même, de son bien-être, des avantages de la congrégation, à peine un mot ; la volonté divine et le soin des malheureux, voilà ce qui remplit cette âme.

Une réponse du Supérieur chargea la bonne Mère de traiter elle-même, sans intervention de sa part. Tout fut donc signé, et le 7 septembre 1811, veille de la fête de Notre-Dame de la Miséricorde, la petite communauté accomplit son second voyage.

Le déménagement n'était pas difficile, avec le bagage des pauvres qui était celui des pieuses filles. La sœur Lecomte resta seule à Octeville pour continuer d'y diriger l'école. Elle y mourut l'année suivante, et ne fut point remplacée, bien que cette école eût été la première confiée aux Sœurs de Julie Postel. Deux autres religieuses y avaient également succombé, et de plus l'orpheline que nous avons citée. La fondatrice a plusieurs fois raconté comment un songe lui avait d'avance montré ces quatre deuils. Aussi, à chacun d'eux elle disait : « Cela ne me surprend pas ». La communauté fut portée à croire au caractère surnaturel de cette vision.

L'établissement de Tamerville semblait enfin convenir aux exigences d'une congrégation déjà formée, et destinée à se développer. Le bâtiment était assez spacieux, placé entre cour et jardin, dans une situation salubre. Les Sœurs, pour la première fois, y étaient vraiment chez elles, beaucoup plus qu'à Cherbourg et à Octeville. La population se montrait bienveillante, et les autorités voyaient de bon œil les nouvelles arrivantes. M. l'abbé Cabart ne manqua pas d'apporter ses bénédictions à celles qu'il dirigeait encore.

Quelque chose manquait pourtant: les écoles. Il y avait une classe communale à Tamerville, et Julie ne se serait pas pardonné de lui faire concurrence sur son propre terrain; d'autant plus que cette école était bien tenue. L'objet présent devenait donc forcément de se renfermer dans la constitution définitive de la communauté. Mais comment y parvenir sans l'œuvre de l'enseignement, qui était son but essentiel? comment donner à des novices l'expérience des classes, la pratique des méthodes, sans élèves et sans leçons? Julie essaya de lever cette double difficulté en recevant chez elle, pour les garder à sa charge entière, douze petites orphelines : famille intéressante, dont les prières attireraient sur leurs bienfaitrices toutes les miséricordes divines.

La première était toute trouvée : c'était celle de Cherbourg, née en Savoie, obligée de suivre en France son petit frère qui vivait à ramoner les cheminées, et que Julie avait adoptée lorsque l'enfant avait dix ans. Elle lui avait fait faire sa première-communion, l'avait instruite et habituée au travail, de manière à ce qu'elle fût en état de gagner honnêtement son pain. La petite fille grandit et correspondit à ces bontés; si bien que, à l'âge de dix-sept ans, au lieu de penser à s'établir dans le monde, elle manifesta le désir de rester avec ses mères adoptives et de prendre auprès d'elles l'habit religieux. Julie s'estima suffisamment récompensée de ses sacrifices; cette vocation excitait dans son âme une sensible reconnaissance envers DIEU. — Les onze autres ne furent pas difficiles à rencontrer non plus, et devinrent l'objet des mêmes soins. C'était à elles que les Sœurs songeaient d'abord, dussent-elles, comme il se fit en plus d'une circonstance, se priver de nourriture ou se réduire au pain d'orge. Dans une disette qui survint, on vendit jusqu'aux armoires et aux lits apportés par des novices, mais les chères enfants ne manquèrent point. Les pauvres de la paroisse n'étaient pas oubliés pour cela. On a peine à comprendre comment nos indigentes sœurs pouvaient, ayant à faire le nécessaire de chaque jour, suffire à tant de charités. La puissance de Dieu, sans doute, multipliait leur obole et fécondait l'incessant travail de leurs mains. Elles ont toujours, et à bon droit, attribué à cette même charité le succès merveilleux de leur institut.

La ferveur et la régularité régnaient parmi elles. On y aimait la prière, le silence, la mortification ; on y pratiquait la bonté mutuelle, le support charitable des défauts. Julie Postel animait de son esprit religieux ces simples et bonnes filles, heureuses de sa direction. L'abbé Cabart venait régulièrement de Cherbourg pour les confessions ; l'abbé Dancel, curé de Valognes, accepta la charge de directeur extraordinaire. La fondatrice faisait chaque dimanche une conférence spirituelle, où l'on admirait sa connaissance des meilleurs passages de l'Écriture-Sainte, et même de quelques Pères de l'Église, et encore plus des exemples des saints, et l'application qu'elle en faisait à ses filles. Du reste, point d'exagérations ni de mysticité outrée. Suivant leur vocation spéciale elles n'avaient point à chercher des routes ardues, laborieuses, trop élevées, des conceptions d'ordre sublime, mais à se tenir dans une vie de travail sanctifié par l'esprit de foi et de charité. — « Croire fermement en notre

Dieu Créateur et Sauveur, disait-elle ; l'aimer de toute son âme, observer sa loi, se considérer comme un instrument méprisable mais docile entre ses mains divines, envisager en toute action et en toute chose sa seule gloire : contentez-vous de ces grandes lignes ; elles suffisent, et toutes n'y atteindront pas. Défiez-vous de l'imagination, des ardeurs indiscrètes où se mêle communément l'amour-propre. La meilleure de nos sœurs sera toujours la plus humble, la plus simple, la plus laborieuse. » Alors elle produisait ses autorités, citait les exemples.

En un mot, ces conférences, qu'elle continua tant qu'elle vécut, furent en quelque sorte le principe de vie de la communauté, et il serait bien à désirer qu'on en eût conservé l'ordre et la disposition, sinon le texte. On en parlait aussi à l'extérieur ; plusieurs personnes de Tamerville et des environs, de Valognes même, avaient obtenu le privilège d'y assister, et ne manquaient pas d'être présentes. Forte de pensée, expérimentée dans la vie spirituelle, Julie était, de plus, naturellement éloquente. On a vu, par les lettres signées d'elle, qu'elle savait écrire avec distinction.

Chapitre huitième.
Nouvelles tribulations.

NOTRE-SEIGNEUR, écrivait naguère à son amie une illustre et fervente chrétienne, « Notre-Seigneur, par une ingénieuse recherche de sa bonté, veut que chacun de nos moments compte, que la souffrance se joigne à chacun des sentiments qu'il nous inspire, afin d'accélérer notre marche et hâter notre affranchissement intérieur. La nature souffre, il est vrai ; mais il est si utile, d'une autre part, de porter en dedans de soi un avertissement continuel ! Pauvres créatures que nous sommes ! au milieu de ce monde extérieur qui nous divise, de cette faiblesse native qui se laisse entamer, nous avons de la peine à nous recueillir, à nous concentrer en DIEU ; et nous y réussirions encore moins si nous n'étions point aussi souvent rappelés à nos résolutions sincères par les maux de tout genre que nous avons à supporter.

» Dans cette carrière déjà si courte devant nous, redoublons de courage, et surtout de cette patience douce, ferme et persévérante, qui est le courage de chaque jour et de chaque détail de la vie. Disons-nous sans cesse que tout ce qui paraît nous nuire peut et doit nous servir ; qu'au fond de toute peine, si nous cherchons bien, nous trouverons une joie ; qu'il ne saurait y avoir dans le moment qu'une seule situation unique qui nous convienne, et que cette situation unique est celle où nous nous trouvons.

» C'est la toute-puissance, l'omniscience, qui règlent jusqu'aux détails presque insaisissables de notre existence ; et, toutes les fois que nous ne voulons pas ce qui est, ou bien que nous voulons ce qui n'est pas, nous ne faisons pas autre chose que de substituer notre volonté, notre sens, nos vues, à la volonté, au sens, aux vues de DIEU. Il ne suffirait donc pas de vouloir, avec sa miséricorde, les fins qu'elle se propose, il faut encore *vouloir, aimer, préférer*, oserais-je dire, *les moyens qu'elle emploie*... Que d'indicibles jouissances dans cette union étroite du serviteur et du maître ! Comme vous le dites si bien, quand le sentiment de confiance et volontaire dépendance ne se soutient pas à l'état de bonheur, rien n'empêche qu'il se maintienne, par l'effet d'une volonté droite, à l'état de résolution et de sacrifice : et c'est là ce qui est exigé de notre fidélité. » [1]

Julie Postel allait avoir encore une occasion, et bien imprévue d'elle, de pratiquer cette double vertu de soumission et de joie dans la peine.

---

1. Mme Swetchine. *Versailles, 28 août 1873.*

Comme tous les saints, elle voyait la main de DIEU dans le moindre évènement, et, confiante en lui, réduisait sa prière et son espérance à redire : *Fiat voluntas tua.*

Tout prospérait depuis près de deux ans dans sa communauté de Tamerville, lorsque l'asile qu'elle chérissait, où elle avait salué un port définitif, vint tout-à-coup à lui manquer. C'était, à cette heure-là, l'épreuve la plus sensible qu'elle pût redouter ; cette épreuve ne l'abattit pas plus que celles qui avaient précédé. Le propriétaire du couvent, s'étant déterminé à vendre cette propriété, se refusa à continuer le bail aux Sœurs. Il consentait à les préférer comme acquéreurs ; seulement, il entendait ne traiter qu'argent comptant, et rien ne put changer cette résolution. En vain des amis dévoués s'entremirent, il fut impossible de trouver la somme nécessaire. Le domaine fut acheté par l'architrésorier de l'Empire, Lebrun, duc de Plaisance, qui, étant du département de la Manche, aimait à y étendre ses propriétés. C'était un homme favorable aux institutions chrétiennes, fort instruit lui-même, ami des bonnes études, et l'on prévoyait qu'il se montrerait bienveillant pour la communauté. Il l'eût fait sans doute, si une intrigue ne se fût nouée contre les Sœurs.

Nous n'en décrirons pas les péripéties. Au fond, nos lecteurs le pressentent, il y a une question de jalousie. L'institutrice communale s'alarme pour son école, le maire villageois se range dans son parti, on y entraîne jusqu'au curé de la paroisse, esprit à vues étroites et courtes, et il est décidé que le renouvellement du bail, s'il se fait, sera en faveur de l'ancienne institutrice ; et en conséquence les Sœurs de la Miséricorde reçoivent congé au 29 septembre 1813. Quel coup pour les servantes de DIEU ! Que devenir, en effet, et où aller ? Julie cependant, répétons-le, conserva sa tranquillité d'âme. Elle savait, comme nous le disait tout à l'heure Mme Swetchine, que « tout ce qui paraît nous nuire peut et doit nous servir », que l'éternelle toute-puissance « règle jusqu'aux détails presque insaisissables de notre existence », qu'enfin, suivant le mot de David, DIEU est près de ses enfants dans leur tribulation, afin de les en tirer : *Cum ipso sum in tribulatione ; eripiam eum...* Elle fit appel à toute sa foi, à tout son courage chrétien, non-seulement pour se soumettre mais pour se réjouir. Une sainte fièvre embrasait son visage pendant qu'elle s'écriait : « Encore plus, Seigneur, encore plus ! Arrive, ô Croix, arrive, que je m'immole sur toi ! Mon DIEU, nous souffrirons tous les maux qu'il vous plaira de nous envoyer, et dans nos angoisses c'est l'hymne de la reconnaissance qui sortira des cœurs de vos enfants ! »

On part ; il le faut. Julie porte dans ses bras

une petite statue de la divine Mère, son unique richesse. C'est à Valognes, la ville voisine, qu'on se réfugie, dans une modeste maison dont l'abbé Cabart s'engage à payer le loyer. Les orphelines, hélas ! avaient dû être congédiées, à l'exception de deux, celle qui était de la Savoie et qui se destinait à entrer dans la congrégation, et une autre qui méritait un intérêt particulier. Cette séparation émut la tendre mère plus que tout le reste ; son cœur en fut déchiré. Quant aux occupations, elle ne pouvait raisonnablement ouvrir une école à Valognes, où les Bénédictines et les Augustines, rétablies depuis quelques années, s'occupaient à la fois des jeunes filles pauvres et des jeunes filles riches, pendant que les Sœurs de la Charité avaient installé leurs ouvroirs. C'était tout ensemble la misère et l'inutilité du dévouement qui restaient en perspective.

Et de fait, quand on y réfléchissait, à quoi bon cette congrégation nouvelle, créée dans un moment de nécessité, au sortir de la Révolution et lorsque les secours les plus indispensables manquaient à l'éducation chrétienne ? La Providence ne la condamnait-elle pas, en permettant qu'elle ne pût s'asseoir nulle part ? Les ordres enseignants sortant partout de leurs ruines, les écoles bien dirigées se multipliant de tous les côtés, la sagesse ne prescrivait-elle pas de s'en tenir là sur la voie des tentatives ?

Que si les compagnes de Julie, dont chacun admirait les vertus, se sentaient pour la vie religieuse une vocation irrésistible, les anciennes congrégations redevenues prospères, Ursulines, Bénédictines, Augustines, Filles de la Croix, et tant d'autres, ne leur offraient-elles pas une occasion facile de répondre à l'appel de Dieu ? Et pourquoi Julie, la première, n'entrerait-elle pas dans une de ces communautés ? Son âge peut-être ? mais quelle congrégation ne s'empresserait d'avoir égard à un passé comme le sien ! Enfin, et toute autre considération négligée, l'impossibilité de marcher en avant était évidente, décisive par conséquent.

Ces pensées furent celles de plusieurs ecclésiastiques éclairés et bienveillants, et elles assiégèrent bientôt l'esprit de l'excellent abbé Cabart, le directeur spirituel, l'ami de tous les temps, le cofondateur. Parmi les personnes qui alors faisaient l'édification de la ville de Cherbourg, était Mme Lebrettevillois, qu'on voyait assidue à l'hospice, consacrant aux pauvres malades et infirmes son temps, sa fortune et ses soins. M. Cabart en conféra avec elle, et on conclut que l'œuvre serait abandonnée. La vénérable dame et une autre personne de confiance se rendent à Valognes, exposent à la Supérieure le but de leur voyage, et lui annoncent que l'on ne peut plus rien faire pour les Sœurs de la Providence, que M. l'abbé

Cabart y renonce, et qu'il lui soumet la proposition suivante : l'une des Sœurs venait de mourir en arrivant à Valognes ; on répandrait les autres, si elles l'avaient pour agréable, en diverses communautés ; Julie et la Sœur Marie (Louise Viel) seraient destinées à l'hospice de Cherbourg, où leur dévouement trouverait un emploi immédiat et méritoire. Telle était la solution la plus naturelle, la plus chrétienne, à une situation douloureuse, humainement inextricable.

L'abandon et même les persécutions du monde, dit ici le premier biographe de Julie, ne font, on le sait, qu'effleurer une âme fortement trempée dans la foi. Elle compte sur ces sortes d'obstacles. Mais c'est une épreuve bien sensible et bien redoutable, celle qui vient de la part de ceux-là même qui, dans l'ordre surnaturel, sont notre lumière et notre appui. L'imperturbable, l'intrépide fondatrice, après avoir répété son cri du cœur : « Encore, Seigneur, encore davantage ! arrive, ô croix, que je t'embrasse ! » répond à l'instant, avec autant de calme que d'énergie : « Dites à notre père que nous ne cesserons de remercier le Seigneur de s'être servi de lui pendant si longtemps pour nous seconder dans une œuvre qui n'est ni la sienne ni la nôtre, mais l'œuvre de la Providence. Je n'ai jamais compté, pour le succès, sur un bras de chair, quelque respectable qu'il fût. Je suis tellement sûre que le Seigneur veut la réalisation de mes projets, que je n'en poursuivrai pas moins l'exécution avec la plus grande ardeur. Mes filles m'ont voué l'obéissance jusqu'à la mort ; elles sont toutes également chères à mon cœur. Celui qui me les a données, et qui prend soin des petits oiseaux des champs, saura bien me fournir les moyens de les nourrir. Tant que je vivrai, il ne m'arrivera jamais d'en abandonner une seule ! »

Les messagères de M. l'abbé Cabart furent dans une extrême surprise de ce qu'elles eussent peut-être qualifié d'injustifiable entêtement si elles n'avaient senti, dans l'attitude, dans la voix, dans les paroles de Julie, une puissance secrète qui leur inspirait le respect, et, en même temps que la fermeté de cette résolution, une humilité qui s'appuyait sur Dieu seul. Les accents des saints ont un caractère auquel on ne se méprend pas.

Interprété dans le sens d'un amour-propre froissé, le discours de Julie était répréhensible ; mais on devinait qu'une disposition pareille n'était ici pour rien. La vénérable Supérieure croyait fermement avoir une mission ; les épreuves même la confirmaient dans cette persuasion ; elle eût estimé offense de Dieu le moindre découragement. Les faits ont démontré, par la suite, qu'elle ne se faisait point illusion. Tout lui manquait, il est vrai, du côté de la terre ; mais le Ciel la rassurait en lui disant intérieurement : « Non, je ne te laisserai point éternellement en proie à ces angoisses ». Ste Angèle Mérici et Ste Thérèse n'eurent-elles pas de ces heures accablantes, de ces obscurités et de ces abandonnements ?

Pendant ce temps, un revirement dans les esprits s'était produit à Tamerville. Les Sœurs étaient à peine parties qu'on se plut à rappeler leur simplicité, leur bonté, leur zèle, leur amour des pauvres ; les meilleures âmes disaient tout haut qu'on avait perdu la bénédiction de la paroisse, et qu'il fallait demander à DIEU de la retrouver. De son côté, Julie regrettait cet humble pays où ses espérances avaient germé plus fortes, où la Providence l'avait conduite une première fois, que la prédiction de la petite mourante lui avait marqué pour des années de séjour. Sous l'influence de ces idées, elle résolut de retourner à Tamerville, quoi qu'il lui en dût coûter. Son troupeau languissait à Valognes depuis un an ; l'heure était venue de le rendre au lieu de ses désirs. Une raison toute matérielle se présentait aussi : c'est que les frais de nourriture et d'entretien y étaient moins considérables qu'en ville. Julie Postel revient donc, et, n'ayant trouvé de disponible qu'un rez-de-chaussée bien misérable, le loue et y installe sa famille religieuse. Un petit jardin est attenant.

Liv. II, Ch. VIII. — Tribulations.

Or, telle est l'exiguité de tout cela, que le prix de location est de *un franc par mois* : chose à peine croyable ! En 1814 donc, après une année d'éloignement, la communauté errante et pauvre rentre aussi pauvre, aussi incertaine de l'avenir, dans le bourg de Tamerville.

La distribution des pièces de la chaumine n'exigea pas une longue délibération ; on n'y employa aucun architecte. De la vieille cage de l'escalier on fit un oratoire, où bientôt permission fut accordée de dire la sainte Messe : c'était ce que la fondatrice mettait au-dessus de tout. Avoir Notre-Seigneur près d'elle, chez elle, quel immense bonheur ! Quant aux chambres, il y avait une pièce unique pour en tenir lieu, et qui devint le dortoir commun. On n'ouvrit point d'école, afin d'éviter tout sujet de plainte de la part de l'institutrice et de la municipalité. L'œuvre présente était d'achever la formation intérieure des religieuses, d'établir définitivement les règles et d'en arrêter la rédaction. Quelques nouvelles sœurs étaient venues, malgré des circonstances si peu favorables, offrir leur dévouement à l'institution. Nous nommerons en particulier la Sœur Aimable, de qui la mémoire est restée chère à la congrégation de la Miséricorde. Cette bonne fille possédait un talent de travail manuel qui fut d'un grand secours dans la détresse commune : c'étaient des tissus de divers genres, si bien réussis que l'écoulement en fut toujours assuré d'avance. En retour de petits services rendus au fermier voisin, on avait obtenu de cuire à son four le pain de la communauté.

Deux années s'écoulèrent ainsi, dans l'attente du jour où Dieu permettrait que l'objet principal fût atteint, nous voulons dire l'éducation chrétienne des jeunes filles.

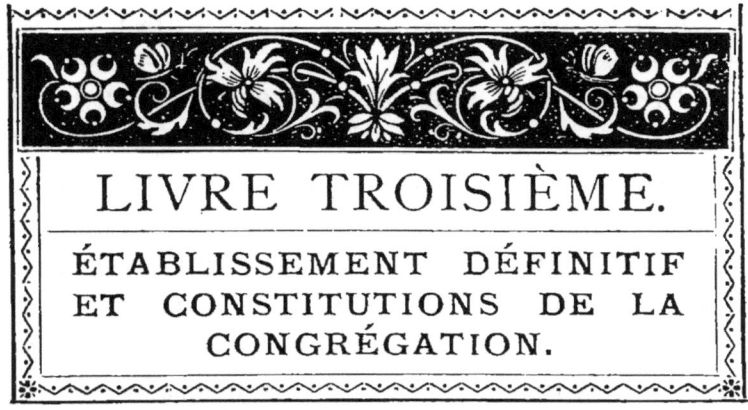

LIVRE TROISIÈME.
ÉTABLISSEMENT DÉFINITIF ET CONSTITUTIONS DE LA CONGRÉGATION.

Chapitre premier.

Julie Postel écrit les Règles.

'EST au fond de sa chaumière de Tamerville, dans le sein même de l'indigence, dans son étable de Bethléhem dirons-nous, et après une expérience pratique de plus de dix années, que la pieuse fondatrice mit la main à la rédaction des constitutions destinées à régir l'esprit, la vocation, toute l'action de ses filles. Ce fut sagesse à elle d'attendre. Rien ne remplace, pour fonder ici-bas quoi que ce soit, la lumière des faits, le trésor de l'expérience. Les théories, les vues d'*à-priori*, les plans généraux, sont assurément quelque chose, mais non pas tout, à beaucoup près. Les constitutions représentent les assises d'un ordre : combien importe-t-il qu'elles visent à la perfection, et ne soient point sujettes à des corrections et remaniements trop fréquents !

Une des plus grandes grâces que DIEU fait aux religieux, observe le P. Rodriguez, c'est de les munir de leurs règles, qui les défendent puissamment contre les ennemis du salut. Elles leur imposent et leur facilitent en même temps la pratique des conseils évangéliques, et, ces conseils évangéliques, les saints les comparent aux fortifications extérieures d'une ville. De même, en effet, qu'une cité est en bien meilleur état de défense lorsqu'elle est environnée de murailles et de tours, la cité de nos âmes résiste mieux, fortifiée par les règles, aux attaques des démons. Isaïe le dit, au chapitre 26ᵉ : *La ville de Sion est notre forteresse; le Seigneur l'a entourée d'un mur et d'un boulevard pour la défendre* [1]. Il environne premièrement le chrétien du rempart de sa loi et de ses commandements; puis, pour les religieux, il y ajoute le rempart des règles et des constitutions, afin que l'effort des ennemis aille tout au plus à faire quelque brèche à cette première fortification, et qu'ainsi, celle de la loi de DIEU demeurant toujours en son entier, elle les garantisse des insultes de Satan. « C'est donc, poursuit Rodriguez parlant aux novices de son ordre, c'est une singulière grâce que DIEU nous a faite, de nous avoir mis dans un tel état que le démon ne puisse guère espérer,

---

1. Urbs fortitudinis nostræ Sion Salvator; ponetur in eâ murus et antemurale. XXVI, 1.

malgré ses plus violentes attaques, que de nous faire manquer à des règles dont la transgression pourrait n'être pas même un péché véniel formel, et que nous fassions maintenant plus de scrupule de contrevenir à une ou à plusieurs de ces règles que nous n'en aurions peut-être fait dans le monde de commettre de grands péchés. »

S. Augustin, parlant de la douceur de la loi de grâce, se sert de deux images très justes : il la compare aux ailes des oiseaux et aux roues d'un chariot. Les ailes, dit-il, ne sont point une charge, un embarras pour l'oiseau ; elles servent, au contraire, à le rendre plus léger et à le faire voler. Les roues n'ajoutent point non plus au chariot une pesanteur incommode ; au contraire, elles sont d'un si notable soulagement pour les animaux qui le tirent, que sans cela ils ne pourraient traîner la moitié de leur charge ordinaire. On doit dire la même chose des conseils évangéliques, sur lesquels se basent les règles monastiques : loin d'être un embarras, une charge, une entrave, ce sont des ailes qui font voler vers le ciel, ce sont des roues qui aident à porter plus facilement le joug de la loi divine ; tandis que les séculiers, n'ayant pas le même avantage, le traînent souvent avec peine, gémissant sous le faix, succombant même à toute heure.

Julie Postel avait imploré longuement le

secours de DIEU avant de tracer la première ligne : c'était la gloire du Seigneur, c'était le bien des âmes, c'étaient les intérêts de la vérité sur la terre, qui l'animaient en tous ses efforts ; sa personne disparaissait entièrement dans l'œuvre. Voici, du reste, la rédaction à laquelle elle s'arrêta. On y verra une fois de plus la grandeur de ses desseins, la pureté de ses intentions, sa connaissance approfondie du sujet. M. l'abbé Cabart, revenu à elle en apprenant l'héroïsme de son courage, donna à ces sages constitutions son approbation de directeur.

« 1. — *A la plus grande gloire de DIEU.*
» Plusieurs personnes, unies ensemble par les liens les plus étroits de la charité, désiraient observer une règle sous l'obéissance des supérieurs ecclésiastiques ; mais, le malheur du temps ayant empêché l'exécution de leur pieux projet, aujourd'hui que le moment paraît plus favorable, elles s'adressent avec confiance à leur évêque, comme à leur commun père, pour le supplier de leur permettre de vivre ensemble sous le même toit, afin d'y observer la règle qu'elles ont l'honneur de lui présenter, et de se soumettre à l'obéissance, d'avoir une chapelle, un prêtre pour la desservir, et que, nonobstant la retraite qu'elles désirent garder, il y ait dans leur maison un appartement destiné à recevoir toutes les pauvres filles qui pourront

s'y rendre pour l'instruction qu'elles désirent leur donner, gratuitement, deux fois le jour ; de plus, que, parmi celles d'entre elles qui auront de l'attrait pour les œuvres extérieures de charité, il y en ait deux destinées pour aller visiter les pauvres malades de la paroisse dans laquelle elles habiteront, afin de leur procurer, autant qu'il leur sera possible, tous les secours spirituels et corporels dont ils pourraient avoir besoin.

» 11. — *INSTITUTION ou ASSOCIATION en l'honneur des sacrés Cœurs de JÉSUS et de MARIE ;* — dédiée à la Très-Sainte Vierge sous le titre de *Notre-Dame de la Miséricorde ;* — choisissant pour patrons tutélaires les glorieux apôtres *saint Pierre* et *saint Paul,* — pour protecteurs et défenseurs plusieurs saints et saintes qui ont illustré l'Église par leurs célèbres institutions, lesquels nous nous proposons d'honorer spécialement le jour de leur fête.

» Jamais la plus brillante fortune ne donnera entrée dans cette maison sans une vocation véritable, et reconnue pour telle par les supérieurs ecclésiastiques. Car nous faisons profession de fouler aux pieds les richesses, et de suivre, du plus près qu'il nous sera possible, JÉSUS-CHRIST pauvre et humilié : comme aussi la porte en sera toujours ouverte à toute personne douée d'une véritable vocation, quoique sans crédit et sans fortune.

» Il ne sera jamais permis à aucune fille de la Miséricorde de dire : *J'ai apporté tant dans cette maison, et cette autre n'a apporté que tant* ; ni même de s'en entretenir volontairement dans son esprit : parce que nous avons résolu que celle qui aura apporté le moins sera traitée de la même manière que celle qui aura apporté le plus, notre intention étant de faire renaître parmi nous les mœurs des premiers chrétiens, lesquels n'avaient entre eux qu'un cœur et qu'une âme.

» L'âge et la faible santé ne seront point un obstacle insurmontable à l'entrée de celles qui auront une véritable vocation. Nous nous proposons de leur rendre tous les services dont nous serons capables, avec d'autant plus d'ardeur que nous croirons servir JÉSUS-CHRIST dans leurs personnes.

» La douceur et l'humilité seront la base et le fondement de cette institution. Les Filles de la Miséricorde se souviendront sans cesse que leur divin Époux n'a pas dit : Apprenez de moi à faire des actions d'éclat, qui paraissent aux yeux des hommes ; mais bien : *Apprenez de moi que je suis doux et humble de cœur*. Elles s'exerceront continuellement à la pratique de ces deux vertus, si chères au cœur de JÉSUS ; et, pour obtenir la grâce de les pratiquer fidèlement, il leur sera permis de rompre le silence, lorsqu'elles se rencontreront, pour dire ces seules paroles, la première : JÉSUS *doux et humble de cœur* ; la seconde : *Ayez pitié de nous !*

» Les suppliantes ont l'honneur de faire observer qu'elles ne demandent rien à l'État ni à aucun particulier, se proposant de vivre de leur peu de fortune et de l'ouvrage de leurs mains. Du reste, elles s'en remettent entièrement à la divine Providence.

» III. — *Règles qu'elles doivent observer.*

Les Sœurs diront le bréviaire à l'usage du diocèse ; lequel sera psalmodié ou chanté, suivant la solennité des fêtes, aux heures qu'il l'était dans l'Église primitive, excepté matines et laudes, lesquelles, au lieu d'être à minuit et à 3 heures, se diront à 9 heures du soir, immédiatement avant le coucher. »

» *Exercices de chaque jour.*

» Elles seront toutes rendues au chœur à 5 heures du matin, pour la prière et la méditation; ensuite l'heure de *prime*. Cet exercice sera fini à 6 heures. — De suite elles prendront leur obédience, et travailleront en silence jusqu'à 7 heures ¾, qu'elles se rendront au chœur pour la préparation à la Messe, laquelle se dira à 8 heures précises. — Après l'action de grâces, elles réciteront l'heure de *tierce* et la salutation au sacré Cœur de JÉSUS. Cet exercice sera fini à 9 heures. — Elles prendront ensuite leur ouvrage, et travailleront assidûment jusqu'à 11 heures ½, gardant un profond silence ; cependant il leur sera permis de chanter un cantique, suivant leur attrait. — A 11 heures ½, elles iront au chœur pour l'heure de *sexte*, et, après un court examen sur la fidélité avec laquelle elles se sont acquittées des exercices de la matinée, elles se prosterneront pour réciter le psaume *Miserere*, ensuite *l'Angelus*. — Elles iront au refectoire. La lecture s'y fera seulement l'espace d'un quart-d'heure.

» Ensuite de l'action de grâces du dîner, elles prendront un délassement d'esprit jusqu'à 1 heure ½, qu'elles se mettront à l'ouvrage, en silence, jusqu'à 3 heures. — Elles se rendront au chœur pour l'heure de *none*. — Ensuite, ayant repris leur ouvrage, elles réciteront ensemble le rosaire ou le chapelet, avec bien de la dévotion, se souvenant que les Filles de Notre-Dame de la Miséricorde ne doivent point oublier leur mère.

» A 4 heures, la salutation au sacré Cœur de Jésus. — Depuis 4 heures jusqu'à 5, la plus instruite d'entre elles sur le chant, l'office et les cérémonies du chœur, recevra humblement, sans réplique, l'obédience d'en instruire les autres, afin que toutes celles auxquelles Dieu aura donné ce talent le fassent valoir pour sa gloire. — Depuis 5 heures jusqu'à 6, toujours en travaillant, il leur sera permis de s'entretenir ensemble, sur des sujets édifiants et utiles, seulement durant ¾ d'heure. — A 6 heures moins ¼, elles se recueilleront pour aller au chœur réciter les *vêpres* et *complies*. Ensuite une demi-heure de méditation.

» A 7 heures ½, elles iront au réfectoire. On y fera la lecture de la vie du saint pour le lendemain. — Après l'action de grâces du souper, elles s'uniront ensemble pour apprêter ce qui sera nécessaire pour le dîner du jour suivant, afin que celle qui sera chargée de cette obédience soit sans sollicitude. — A 8 heures ½, la prière du soir, et le chapelet pour obtenir du DIEU des miséricordes, par l'intercession de la Mère de la miséricorde, le pardon de leurs péchés et la grâce d'une bonne mort. — A 9 heures, *matines* et *laudes*, comme on a déjà dit.

» La classe se tiendra depuis 9 heures ½ du matin jusqu'à 11 heures ½, et depuis 2 heures jusqu'à 4 heures de l'après-midi. Celles qui seront chargées de cette fonction auront soin de réciter *none* avant la classe de l'après-midi ; elles seront dispensées du rosaire.

» *Exercices de chaque semaine.*

Le jeudi soir, après matines et laudes, au lieu du repos comme les autres jours, elles réciteront l'office des Morts, le rosaire ou le chapelet, ensuite l'Heure-Sainte pour adorer l'agonie de Notre-Seigneur. Ces exercices doivent finir à minuit.

» Le lendemain, au lieu de dire le rosaire, qui aura été dit la veille après none, elles feront l'adoration de la croix dans le lieu commode de la maison. Elles s'y rendront en grande dévotion, en chantant le *Vexilla Regis*. Étant arrivées, après une briève contemplation elles feront l'adoration comme il est marqué dans le livre intitulé *l'Ame sur le Calvaire*.

» *Exercices de chaque mois.*

Tous les premiers jeudis du mois, à minuit, après les exercices ordinaires, au lieu d'aller prendre leur repos, elles feront une dévotion pour honorer les quinze mystères du Rosaire, en cette sorte : — Elles auront des tableaux lesquels représenteront chaque mystère en particulier ; elles les placeront à certaine distance l'un de l'autre, afin de pouvoir y faire leurs stations en forme de procession, et à chacune d'elles se représenteront le mystère comme s'il se passait sous leurs yeux ; elles réciteront le *Pater* et les dix *Ave ;* ensuite elles chanteront une hymne ou psaume qui ait rapport au mystère.

» Au 1er mystère *joyeux*, l'Annonciation de la Sainte Vierge, elles chanteront *Ave maris Stella ;*

» Au second, la Visitation, le *Magnificat ;*
» Au 3e, la Naissance de JÉSUS-CHRIST, le *Gloria in excelsis ;*
Au 4e, la Présentation de Notre-Seigneur au temple avec S. Siméon, *Nunc dimittis ;*
» Au 5e, le Recouvrement de JÉSUS dans le temple, *Laudate Dominum omnes gentes,* pour remercier DIEU, avec la Sainte Vierge, de l'avoir recouvré par la pénitence.

» Au 1er mystère *douloureux,* la Prière de JÉSUS-CHRIST au Jardin des Olives, elles chanteront, dans des sentiments de douleur de leurs péchés, les versets *Domine non secundùm,* etc.
» Au second, la Flagellation, le psaume *Miserere ;*
» Au 3e, le Couronnement d'épines, une hymne tirée de l'office de la Susception de la sainte Couronne d'épines ; [1]
» Au 4e, le Portement de la croix, pour

---

[1]. Cette fête, fixée au 11 du mois d'août, est particulière à l'Église de France, et a pour objet la réception par S. Louis de la Couronne d'épines de Notre-Seigneur ; elle lui fut donnée par l'empereur de Constantinople Baudouin II. On la conserve encore à l'église métropolitaine de Paris. — L'office de la liturgie parisienne, en cette fête, était très beau, et cette liturgie était aussi celle du diocèse de Coutances à l'époque de Julie Postel. Les trois hymnes auxquelles il est fait allusion ici sont les suivantes : — *Christi cruentæ splendida principium…; — Quo forma cessit par Deo…; — Exite, filiæ Sion…*

compatir à la Sainte Vierge elles chanceront le *Stabat ;*

» Au 5ᵉ, le Crucifiement, le *Vexilla Regis.*

» Au 1ᵉʳ mystère *glorieux*, la Résurrection, elles chanteront le *Regina cœli ;*

» Au second, l'Ascension de Notre-Seigneur, *Opus peregisti* ; [1]

» Au 3ᵉ, la Descente du Saint-Esprit, *Veni Creator ;*

» Au 4ᵉ, l'Assomption de la Sainte Vierge. *O vos atherci* ; [2]

» Au 5ᵉ, le Couronnement de Notre-Dame, une antienne à la Vierge, selon le temps.

» Cet exercice sera fini à 3 heures ; elles iront prendre un peu de repos.

» Tous les derniers jours de chaque mois, elles feront un jour de retraite. Elles s'occuperont particulièrement à demander pardon à Dieu des fautes qu'elles auront commises pendant le mois, et à le remercier des grâces qu'il leur aura faites, et à prendre la résolution de s'acquitter de leurs devoirs avec une nouvelle ferveur. Elles communieront, ce jour-là, en forme de viatique. Le soir, elles feront la préparation à la mort, récitant ensemble, à cette intention, les prières de l'Église pour les agonisants.

---

[1]. Autre hymne de la liturgie de Paris, au jour de l'Ascension.
[2]. Liturgie parisienne, Vêpres de l'Assomption.

» *Exercices des dimanches et fêtes.*

» Les jours des dimanches et fêtes, le chapelain présidera toujours à leur office. On chantera communément tierce avant la grand' messe, sexte après, none à 3 heures moins ¼, ensuite vêpres et complies. — Lorsqu'il n'y aura pas eu et qu'il ne devra point y avoir de sermon dans le jour, la Communauté s'assemblera à 1 heure ½ pour assister à une instruction familière faite par la Supérieure.

» Après les vêpres, elles réciteront le rosaire ou le chapelet, les sept psaumes de la pénitence, dont une partie d'entre elles sera dispensée pour se rendre à l'appartement des classes, enfin d'y faire une lecture et donner quelques instructions aux grandes personnes de son sexe qui voudront bien s'y rendre pour ce sujet, l'espace d'une heure seulement. — Ensuite, elles s'assembleront toutes pour faire la conversation sur des sujets édifiants, propres à exciter la ferveur. Il sera permis à toutes de manifester leurs sentiments, de proposer leurs difficultés, mais le tout avec beaucoup de modération et d'humilité.

» *Exercices de chaque année.*

» Tous les ans se fera *la Retraite*, de dix jours, suivant l'avis des maîtres de la vie spirituelle. Elle se fera durant l'avent ou le carême. — Les exercices de la retraite ne dérangeront point la règle ordinaire mais seulement on se servira de sujets de méditation propres à inspirer des sentiments tels qu'on doit les avoir dans ces temps, qu'on destine plus particulièrement à repasser, dans l'amertume de son âme, tous les péchés de sa vie passée, et à prendre de fortes résolutions pour l'avenir, et pour devenir, autant qu'il est en soi, de nouvelles créatures.

» Plusieurs personnes vivant pieusement dans le monde, désirant passer quelques jours chaque année, pourront être admises à ces retraites. Si les supérieurs ecclésiastiques jugent à propos de permettre de les recevoir, ainsi que de jeunes personnes, en qualité de pensionnaires, on se conformera à leur décision.

» IV. — Les Filles de la Miséricorde doivent s'efforcer de recueillir tous les points de cette règle, comme autant de fleurs, pour les présenter à Jésus-Christ tous les jours de leur vie, et n'en laisser flétrir aucune par leur négligence, mais le conjurer humblement qu'il daigne les arroser des eaux vivifiantes de la grâce jusqu'à la bienheureuse éternité. — Ainsi soit-il. »

Chapitre second.
Observations sur les règles tracées par Julie Postel.

LES pages que l'on vient de lire, écrites par la pieuse fondatrice dans sa chaumière de Tamerville, exhalent le parfum de la charité la plus tendre et la plus profonde. Julie ambitionne, au-dessus de toute chose, de travailler à la sanctification des âmes, de former des cœurs parfaits. Tout est simple dans ces institutions ; mais quelle trame puissante pour envelopper chacun des jours de la vie dans le sacrifice et le recueillement ! Il est évident que ses filles, avec de tels règlements, ne s'appartiennent plus. Peut-être même, si l'on osait critiquer quelque détail, découvrirait-on en ces dispositions une rigueur exagérée. Car enfin il est nécessaire à tous, ici-bas, d'avoir des heures de distraction et de repos : et Julie ne paraît pas s'en souvenir lorsque, pour les récréations même, elle indique exclusivement des conversations de piété.

Du reste, l'éminente supérieure avait pris conseil, et même n'avait rédigé ses règles que sur le vœu de MM. Dancel et Cabart, qui jugèrent le moment venu de donner à sa congrégation cette indispensable assise.

La déclaration première, où l'on méprise la fortune, dans une situation pénible comme celle où se trouvaient ses filles, n'est-elle pas du plus pur esprit religieux ? Ce sont des pauvres, des pauvres forcées, qui écrivent, au milieu de toutes les privations : « *Nous faisons profession de fouler aux pieds les richesses, et de suivre, de plus près qu'il nous sera possible, JÉSUS-CHRIST pauvre et humilié* ». Et encore : « *Nous avons résolu que celle qui aura apporté le moins sera traitée de la même manière que celle qui aura apporté le plus* ». Elles s'occuperont, dans leur vocation, de la classe la moins riche ; c'est aussi, après le service de DIEU, pour cela qu'elles s'unissent sous le même toit. — « *La douceur et l'humilité seront la base et le fondement de cette institution* ». On n'y cherchera donc ni la gloriole, ni la tranquillité, ni les joies de l'intelligence : humble et douce comme le Seigneur, voilà ce qu'il faut être dans l'orde de la Miséricorde.

Julie rappelle, d'une manière frappante, par ces côtés, l'admirable figure de Ste Angèle Mérici, la fondatrice illustre des Ursulines. C'est le même caractère de sainteté, ce sont les mêmes pensées ; ce sont encore les mêmes épreuves. Un point les rapproche surtout : celui des lectures et des instructions aux personnes du dehors, les dimanches et les fêtes. Angèle avait légué identiquement la même pratique à ses Sœurs, après s'y être consacrée elle-même durant plusieurs années.

Comme on s'aperçoit bien, en présence de tels règlements, que l'état religieux, poursuivi de la haine à la fois intéressée et insensée des méchants et des oppresseurs de notre pays, est celui qui exige le plus de dévouement, puisqu'il sépare de ce qu'on a de plus cher, la famille, de ce qu'on a de plus personnel, la volonté ; le plus de piété, puisqu'il y faut tendre toujours à s'unir plus intimement à Dieu ; le plus de force, puisqu'il faut dompter son cœur, ses inclinations, ses sens, ses défaillances naturelles. Le monde n'y comprend rien: son esprit et ses principes sont exactement l'opposé de ceux-ci.

Il ne tient pas compte de la main de Dieu : et pourtant « C'est la main de Dieu, dit éloquemment Montalembert, c'est la main de Dieu qui vient s'abattre sur nos foyers, sur nos cœurs désolés, pour en arracher nos filles et nos sœurs. — Chaque jour, des milliers de créatures aimées sortent des châteaux comme des chaumières, des palais comme des ateliers, pour offrir à Dieu leur cœur, leur âme, leur corps virginal, leur tendresse et leur vie. Chaque jour, parmi nous et partout, des filles de grande maison et de grand cœur, et d'autres d'un cœur plus grand que leur fortune, se donnent, dès le matin de la vie, à un époux immortel.

» C'est la fleur du génie humain : fleur encore chargée de sa goutte de rosée, qui n'a encore réfléchi que le rayon du soleil levant, et qu'aucune poussière terrestre n'a encore ternie ; fleur exquise et charmante, qui, respirée même de loin, enivre de ses chastes senteurs, au moins pour un moment, les âmes les plus vulgaires. C'est la fleur, mais c'est aussi le fruit ; c'est la sève la plus pure, c'est le sang le plus généreux de la tige d'Adam : car chaque jour ces héroïnes remportent la plus étonnante des victoires, grâce au plus courageux effort qui puisse enlever la créature aux instincts terrestres et aux liens mortels.

» Quel spectacle, et où en trouver un qui manifeste plus visiblement la nature divine de l'Église ? En ce siècle de grande mollesse et d'universel affaiblissement, ces victorieuses ont retrouvé, ont gardé le secret de la force, et, dans la faiblesse de leur sexe, elles manifestent la mâle et persévérante énergie qui nous manque pour aborder de front et dompter l'égoïsme, la lâcheté, le sensualisme de notre temps et de tous les temps.

» Et comme elles ont la force, elles ont aussi la lumière, la prudence, la vraie perspicacité. Elles ont compris la vie avant d'en avoir goûté. Qui donc leur a enseigné les douloureux secrets ? A elles si pures, à elles dans l'âge où le cœur commence à être dévoré par la soif insatiable des sympathies et des tendresses humaines, qui donc leur a appris que cette soif ne sera jamais assouvie en ce monde ? qui leur a révélé l'ignominieuse fragilité des affections d'ici-bas, des plus nobles et des plus douces, des plus tendres comme des plus enracinées, de celles-là même qui se croyaient immortelles et qui tenaient le plus de place dans les cœurs où elles ont misérablement péri ? Ce ne peut être qu'un instinct divinement libérateur, qui les affranchit en nous les dérobant. Les voilà délivrées des cruels étonnements de l'âme qui rencontre le mécompte, la trahison, le mépris, dans le chemin de l'amour, et quelquefois, après tant d'efforts et tant d'illusions, le silence de la mort dans la plénitude de la vie. Elles ont deviné l'ennemi ; elles l'ont tourné, déjoué, vaincu ; elles lui ont échappé pour toujours. *Anima nostra, sicut passer, erepta est de laqueo venantium : laqueus contritus est, et nos liberatæ sumus* [1].

» Elles vont donc porter à DIEU, dans sa première fraîcheur, tout leur cœur, tous les trésors du profond amour, du complet abandon qu'elles refusent à l'homme. Elles vont tout ensevelir et tout consumer dans le secret du

---

[1]. « Notre âme, semblable au passereau, a été arrachée au piège du chasseur. Le piège a été brisé, et nous voici libres ». *Ps.* 123.

dépouillement volontaire, des immolations cachées.

» Cela fait, elles nous affirment qu'elles ont trouvé la paix et la joie, et dans le sacrifice d'elles-mêmes la perfection de l'amour. Elles ont gardé leur cœur pour celui qui ne change pas et ne trompe jamais; et à son service elles rencontrent des consolations qui valent tout le prix dont on les paie, des joies qui ne sont pas sans nuages parce qu'alors elles seraient sans mérite, mais dont la saveur et le parfum durent jusqu'à la tombe.

» Est-ce là un rêve, une page de roman? est-ce seulement de l'histoire, l'histoire d'un passé à jamais éteint? Non, encore une fois : c'est ce qui se voit et se passe chaque jour parmi nous.

» Mais quel est donc cet amant invisible, mort sur un gibet il y a dix-huit siècles, et qui attire ainsi à lui la jeunesse, la beauté et l'amour; qui apparaît aux âmes avec un éclat et un attrait auquel elles ne peuvent résister; qui fond tout à coup sur elles et en fait sa proie; qui prend toute vivante la chair de notre chair, et s'abreuve du plus pur de notre sang? Est-ce un homme? Non: c'est un DIEU. Voilà le grand secret, la clef de ce sublime et douloureux mystère. Un DIEU seul peut remporter de tels triomphes et mériter de tels abandons.

» Ce JÉSUS, dont la divinité est tous les jours insultée ou niée, la prouve tous les jours, entre mille autres preuves, par ces miracles de désintéressement et de courage qui s'appellent des *vocations*. Des cœurs jeunes et innocents se donnent à lui pour le récompenser du don qu'il nous a fait de lui-même; et ce sacrifice, qui nous crucifie, n'est que la réponse de l'amour humain à l'amour d'un DIEU qui s'est fait crucifier pour nous ».

La congrégation fondée par Julie Postel a pour objet principal, nous l'avons dit, l'éducation chrétienne des jeunes filles pauvres. Il y a donc lieu de s'étonner que dans ses constitutions écrites il en soit à peine fait mention, et comme en passant, par la seule indication d'une heure déterminée pour les classes. Ce fait s'explique par la situation présente de nos Sœurs, qui n'avaient pas d'école ouverte à Tamerville. Julie se réservait de traiter plus tard un tel sujet, et quant à l'esprit inspirateur et quant à la méthode. Sur ce dernier point, on a vu qu'elle demandait ses pratiques et ses règles aux Ecoles Chrétiennes du bienheureux J.-B. de La Salle, éprouvées par deux siècles d'heureuse application. On a cherché d'autres voies de notre temps; les systèmes se sont disputé l'attention des législateurs et des discoureurs; mais on n'a pas fait mieux, ni aussi bien, de l'aveu des maîtres compétents. Pour ce qui est des principes, de la direction supérieure, la méditation des éternelles vérités, l'esprit de la sainte Église, les traditions de nos grandes maisons catholiques, donnèrent à la fondatrice les lumières spéciales dont elle a éclairé son institut, et qui sont encore celles dont il vit dans ses nombreuses écoles et pensionnats.

Notre-Seigneur est ici, comme en tout le reste, le modèle, le maître, le protecteur. Dès l'âge de douze ans, il instruit au temple les docteurs de la loi, stupéfaits d'une si précoce et si haute sagesse. A trente ans, et jusqu'à sa mort, l'Evangile nous le montre enseignant partout, dans les villes et dans les bourgades, sur la montagne, au lac de Tibériade, dans les synagogues, dans le temple de Jérusalem, où il ne manquait pas *d'enseigner tous les jours* quand il se trouvait en cette ville; et, la veille de son immolation dernière, il disait à la troupe de gens armés pour le saisir : « *Vous êtes venus à moi comme s'il s'agissait d'arrêter un voleur: et cependant j'étais quotidiennement assis parmi vous, enseignant dans le temple, sans que vous ayez mis la main sur moi.* » Ce même JÉSUS a envoyé plus tard ses disciples enseigner à leur tour, et dans tous les pays de l'univers, et à toute créature : *Prædicate Evangelium omni creaturæ* (S. Marc, XVI). C'est là, là seulement, que le chrétien cherche la raison comme la matière de son enseignement.

Ce que le Seigneur enseigne, ce qu'il veut qu'on enseigne en son nom et par son autorité, c'est le « règne de DIEU », expression fondamentale, incessante, des discours évangéliques, et qui se retrouve dès le début de la prière divine: *Que votre règne arrive.* Le règne de DIEU, les âmes rappelées à leur fin : voilà tout le ministère du Verbe descendu parmi les hommes, tout le ministère des Apôtres et de l'Église, tout le ministère de ceux qui, chrétiens, ont charge de former la jeunesse. C'est ainsi que Julie l'entendit toujours, et ce qu'elle apprit à ses sœurs.

Et c'est là, d'autre part, la cause des haines farouches soulevées contre l'enseignement catholique. La franc-maçonnerie contemporaine, qu'on peut justement définir l'Église de Satan prédite dans l'Apocalypse, poursuit l'anéantissement du règne du DIEU sur la terre; elle irait, si elle le pouvait, arracher le Créateur de son trône, et, comme ses ancêtres de la Passion, de ses mains impures souffletterait le Rédempteur. Les mots sonores de « diffusion des lumières », de « développement de l'instruction », de « relèvement des masses », couvrent le piège de l'impiété n'osant encore s'afficher, et pourtant se laissant assez voir par la proscription de l'enseignement religieux dans les écoles, et par une *laïcisation* qui n'est, en substance et comme but, que l'abjuration de l'Évangile. L'instinct populaire ne s'y trompe pas ; il sait, il devine du moins, qu'au fond il s'agit de la réhabilitation des trois concupiscences énumérées par S. Jean : concupiscence de la chair, concupiscence des yeux, orgueil de se sentir vivant et actif [1].

---

1. « J'ai écrit de nombreuses pages sur l'instruction laïque, instruction sans DIEU : eh bien ! je les donnerais toutes pour deux phrases que j'ai lues, il y a quelques semaines, et qui ont été prononcées dans l'école d'une bourgade, par Mgr Gay, évêque d'Anthédon. Je ne parle pas du discours, quoiqu'il soit tout entier admirable : je n'en ai retenu que deux phrases, deux métaphores, deux images. — « Vouloir faire de l'instruc- » tion sans DIEU, c'est vouloir faire de l'agriculture sans soleil, » c'est vouloir faire de la navigation sans boussole ». Comme c'est cela ! Eh oui ! celui qui voudrait faire germer, naître, fleurir, fructifier le froment et la vigne dans un souterrain où le soleil ne pénétrerait pas, celui-là serait moins insensé que les hommes d'État qui veulent faire des hommes, des citoyens, des gens instruits et moraux, en mettant DIEU de côté. Le navigateur qui entreprendrait de faire, sans boussole, le tour du globe commettrait une imprudence moindre que celui qui essaierait de faire, sans DIEU et sans religion, l'éducation d'un enfant. C'est du soleil, c'est de l'étoile polaire qu'ils prétendent se passer : rien que cela ! Que le Bon DIEU vous bénisse ! Malheureux ! cela ne s'est jamais vu ; vous êtes les premiers à qui soient venues des idées aussi saugrenues et aussi subversives. S'il était possible qu'une seule génération fût élevée selon votre système, cette génération serait la dernière, attendu que les aimables citoyens qui la composeraient se dévoreraient les uns les autres. Il n'en sera rien, heureusement. Les mœurs seront plus fortes que les lois. Les pères, les mères, les instituteurs, continueront de mettre le catéchisme et le décalogue en tête de tous les programmes d'éducation. DIEU, JÉSUS-CHRIST, l'Église, la Sainte Vierge, le baptême, la pre-

DIEU avait-il laissé entrevoir à Julie Postel les temps douloureux que nous traversons, la guerre odieuse, hypocrite et sacrilège, à laquelle assiste notre génération ? Nous ne le pourrions dire ; mais ce que nous affirmons, c'est qu'il faut bénir cette courageuse et sainte femme d'avoir préparé, discipliné, muni, une armée d'âmes semblables à la sienne pour la résistance et le bon combat.

---

mière-communion, survivront à tous les blasphèmes officiels et officieux dont ils sont l'objet. Le soleil s'éteindra au firmament, l'étoile polaire tombera du ciel, avant que la société, la famille, les individus pris en masse, aient cessé de croire en DIEU et en son fils JÉSUS-CHRIST. Tenez-vous-le pour dit, législateurs d'un jour. La bêche qui doit creuser votre fosse est déjà forgée, emmanchée, plantée dans la terre ; je vois d'ici la fosse où vous ne tarderez pas à descendre, avec ou sans eau bénite. Oui ! oui ! faire de l'instruction sans DIEU et sans religion, c'est faire de l'agriculture sans soleil, de la navigation sans boussole. »   JEAN GRANGE.

Chapitre troisième.
Affermissement de l'institut.

APRÈS les abominations révolutionnaires et les persécutions de l'Empire, de l'Empire qui n'avait rien guéri, mais qui simplement avait opposé au débordement du mal de faibles digues d'un jour, la France venait de reconquérir la paix avec ses princes légitimes. L'atmosphère morale, qui seule fait la vie d'un peuple, était changée, et, quelles que fussent les imperfections ou les défaillances des gouvernants, ils ne s'inspiraient plus des maximes pernicieuses et fatales sorties de l'insurrection régicide. L'athéisme officiel rentrait sous terre, pour se venger, il est vrai, par les mille détours d'une presse effrontée et pervertie. Du moins les institutions chrétiennes se virent-elles favorisées par l'administration. Les méchants n'avaient plus la direction des affaires ; d'un bout à l'autre du royaume, il se fit une renaissance, une floraison nouvelle, jusque dans les moindres villages. Julie Postel ressentit un heureux contre-coup de ces évènements.

Depuis deux ans elle habitait sa pauvre maison, sa chaumière, avec un courage qui ne fléchissait point ; son espérance augmentait en proportion de ses peines. Elle disposait tout pour avoir, au moment favorable, une famille de sœurs prêtes à entrer dans les fonctions de l'enseignement. Cette énergie, cette sainteté, cette pauvreté allègrement acceptée, cet empressement à se dévouer à toute misère, finirent par gagner le cœur de ceux des habitants qui avaient eu quelque hostilité pour la fondatrice. On se répétait que, après tout, il n'était guère possible de rencontrer une personne plus digne d'estime et de sympathie. Sur ces entrefaites, le nouvel acquéreur du couvent de Tamerville, le duc de Plaisance, qui était au courant de la situation, pensa qu'il ne saurait faire de sa propriété un meilleur usage que d'y rappeler Julie et ses compagnes, dans l'intérêt même du pays. Le conseil municipal fut invité à examiner s'il ne conviendrait pas de confier l'école communale à nos Sœurs, si bien en état de la rendre prospère, et par leur mérite reconnu et par l'affection générale qui les entourait. L'ancien curé de Barfleur, retiré à Tamerville, ne manqua pas d'appuyer le projet de toute son influence auprès des principales familles. L'institutrice en exercice, on le conçoit, opposait résistance et cherchait à se créer un parti. Quant à Julie, non-seulement elle ne fit rien pour faire pencher la balance de son côté, mais telle était sa vie de retraite qu'elle ignorait même qu'on s'occupât d'elle, et qu'il fût question de sa réintégration dans les anciens bâtiments qu'elle avait habités. La nouvelle lui en arriva avec la décision du conseil.

La délibération avait offert certaines difficultés. Après qu'on eut débattu le pour et le contre, lorsqu'on en vint aux voix il y en avait un égal nombre des deux côtés. La Providence veillait : survient le maire, M. Gilles, (qui plus tard administra la ville de Valognes), et la question est tranchée en faveur de Julie. M. Gilles connaissait l'abbé Cabart, qui lui avait raconté l'histoire de la vénérée fondatrice, son dévouement pendant la Révolution, le bien qu'elle avait fait à Cherbourg, ses desseins, ses projets d'apostolat dans les campagnes ; ce qu'elle avait enduré, ce qu'elle souffrait encore, ce dont elle et ses religieuses étaient capables ; et ce récit, joint à ce qu'il avait appris à Tamerville, ce que peut-être même il avait vu naguère, l'avaient rangé parmi les protecteurs de l'humble congrégation. Paraissant donc au conseil pendant la délibération, il y fit hautement l'éloge des Sœurs, de leur supérieure, et détermina un vote favorable, par lequel Julie Postel et ses compagnes étaient appelées, si elles voulaient bien y souscrire, à diriger l'école communale.

Coutances avait alors pour évêque un vertueux prélat, Mgr Dupont. Le pontife fut avisé sur-le-champ de ce qui venait de se passer.

Il savait les vertus et les angoisses des Sœurs : ce dénouement inattendu, qui au fond était pourtant peu de chose pour assurer l'avenir, lui causa de la joie, dans la pensée que désormais l'œuvre aurait du moins un point d'appui et s'étendrait plus aisément. — « Hâtez-vous, écrivit-il à son vicaire-général M. l'abbé Dancel, de remettre les abeilles dans leur ruche : elles n'auraient jamais dû en sortir ». Cette lettre est datée du dimanche de la Trinité ; c'était, on s'en souvient, à l'église de la Trinité de Cherbourg que Julie avait porté ses premières prières au sortir de Barfleur, là qu'elle fut inspirée de s'adresser à M. l'abbé Cabart, qu'il est permis d'appeler le second fondateur de la Miséricorde : la divine TRINITÉ paraissait donc veiller avec amour sur sa fidèle et généreuse servante. L'abbé Cabart se réjouit grandement, lui aussi, et se fit un devoir de louer la fermeté de celle qu'à un moment, dans les intentions les plus droites assurément, il avait tenté de décourager. Dans Tamerville, on accueillit avec allégresse la nouvelle ; parents et enfants manifestèrent un égal bonheur. Pour Julie, calme dans sa reconnaissance, elle adora les voies de Celui qui la conduisait par la main, et lui promit de nouveau l'immolation d'elle-même à sa gloire et au salut des jeunes âmes. Et de fait, l'école de Tamerville ne perdit plus nos Sœurs, qui surent ajouter à la fatigue de l'enseignement les soins de la charité envers les malades et les pauvres, ainsi que le veulent leurs constitutions.

L'ascendant des vertus et l'autorité bien méritée de la fondatrice étaient tels, que les règles rapportées ci-dessus furent suffisantes pendant plus de trente années pour faire marcher la communauté dans le plus grand ordre, la plus grande ferveur et la plus parfaite union. M. l'abbé Dancel y ajouta pourtant un supplément bien conforme aux goûts de la Mère : ce fut une croix toute simple de bois peint en noir, sur laquelle on lit encore : *Obéissance jusqu'à la mort.* Heureuse allusion à ces paroles de l'Écriture sur le divin modèle : « Il a été obéissant jusqu'à la mort, et jusqu'à la mort de la croix ». C'est au pied de ce modeste calvaire que les filles de la vénérée Supérieure offrent encore les prémices de leur consécration à DIEU, après avoir respectueusement porté sur leurs épaules ce signe de l'instrument de l'infinie miséricorde du Sauveur [1].

La nouvelle école de Tamerville fut ouverte au mois de juillet 1816. On y put jouir d'une chapelle, où permission fut accordée de conserver le Saint-Sacrement : ce que toute sa vie Julie considéra comme la première des grâces ; car

---

[1]. Mgr Delamare, *Vie de J. Postel*, p. 68.

c'était là, en face du tabernacle, qu'elle allait chercher force, lumières, consolation, pour elle et pour son cher troupeau. Elle reprit des orphelines gratuites, persuadée que le succès de la congrégation était attaché à cette œuvre de touchante charité. Le local permettait aussi de recevoir, avec des novices plus nombreuses, quelques pensionnaires. L'institutrice déplacée avait été pourvue d'un autre poste, à la satisfaction de la bonne Mère, qui ne supportait pas l'idée d'avoir pu, même indirectement, lui causer du chagrin. En sorte que les anciennes élèves accoururent, sans exception, auprès des Sœurs.

Quant aux ressources matérielles, on continua de les demander à des travaux manuels, qui faisaient comme un atelier à côté de la classe. C'étaient la filature, le tissage de laine, la dentelle même, les ornements d'église. Un pareil genre d'occupations entrait dans la règle, les Sœurs devant suffire elles-mêmes à tous leurs besoins. Ce caractère, assez spécial, de la Miséricorde doit être remarqué. Prière, charité, travail, résumaient le genre de vie que Julie avait entendu non pas instituer mais renouveler autour d'elle. Les Sœurs s'occupaient, en outre, de la culture du jardin, de leur blanchissage, de la préparation et de la cuisson du pain, et tout le reste des soins domestiques, sans excepter la fabrication du cidre, boisson du pays faite avec des pommes. Une sœur, du nom de Rosalie, arriva même à une certaine réputation pour la beauté et la qualité des légumes de son potager. Tout cela devait être plus utile qu'on ne l'avait prévu : car l'année 1817 fut marquée par une disette qui fit grandement souffrir la classe indigente et même la classe ouvrière. Afin d'assister ces malheureux, non seulement la communauté se restreignit sur ses maigres dépenses, Julie fit encore vendre à peu près tout son misérable mobilier. Nous avons à ce sujet le témoignage du maire, M. Gilles. — « Cette femme héroïquement vertueuse, a-t-il écrit, nous aida à faire des soupes économiques. Elle se privait du nécessaire, couchait, comme ses compagnes, sur la paille, vivait de pain de son, buvait de l'eau, et donnait tout aux pauvres. » L'honnête magistrat eut alors à se féliciter de l'insistance qu'il avait mise dans l'affaire du rappel des Sœurs. — « Faisons comme saint François de Sales, disait la bonne Mère : vivons de ménage ! » Et c'est bien ainsi qu'elles vécurent tout le temps du fléau.

Les années suivirent, le bien se fit, la communauté se consolida, une génération d'enfants chrétiennement et fortement élevées se forma.

Julie n'avait cessé d'être le vivant exemplaire de la perfection religieuse ; ses mérites augmentaient de jour en jour. Le ciel fit voir, en plusieurs circonstances, combien lui était agréable cette vie de sacrifice et d'immolation au prochain. En envoyant ses disciples annoncer l'Evangile, Notre-Seigneur leur donna un grand pouvoir sur la nature, notamment pour la guérison des infirmes et des malades. Ce pouvoir s'est toujours maintenu dans l'Eglise ; il a suivi les saints. Ces âmes fidèles ont, en effet, reconquis par leurs vertus, leur union à Dieu, et, dans une certaine limite, l'innocence d'Adam à la création ; à cette innocence était attaché l'empire sur toute créature sensible : ramenée dans l'un des descendants du premier homme, elle y restaure parfois cet empire. Le don des miracles n'est pas autre chose, en principe, bien que par exception on le rencontre de temps en temps chez un mauvais serviteur : c'est, en ce cas, le nom du Seigneur qui opère par sa vertu propre et directe. Les hérétiques ont perdu la tradition du miracle, comme celle des saints que l'on invoque : ils ne sont donc pas les vrais disciples de Jésus-Christ léguant une telle puissance à la société chrétienne fondée par lui.

En 1823, au nombre des Sœurs de Tamerville s'en trouvait une que nous avons nommée la Sœur Aimable, l'un des meilleurs soutiens de la maison par son persévérant et habile travail, et à la fois modèle de régularité. Depuis sept ans elle souffrait de plusieurs plaies qui s'étaient ouvertes à sa jambe, la tourmentaient jour et nuit, et qui, au lieu de tourner à guérison, ne faisaient que s'enflammer et s'irriter. La pieuse religieuse, grâce à la pauvreté du couvent, en était à ne plus trouver un linge blanc pour se panser. Elle vient exposer à la supérieure son embarras. — « Courage, ma fille, répond celle-ci : nous nous tournerons vers le Bon Dieu, qui nous aime et qui peut tout. J'ai encore ici un petit morceau de linge : je vais vous l'appliquer, et d'un même cœur nous prierons pour votre soulagement ». Quand, peu après, on leva l'appareil, la plaie avait disparu, les douleurs étaient tombées. Avertie du fait, Julie, bénissant Dieu, recommanda à Sœur Aimable de ne point parler de ce qui était arrivé, dans la crainte qu'on vînt à lui en faire un mérite : « Ce qui serait bien injuste », disait-elle. Cette guérison se constatait encore entière vingt-neuf ans après.

Dans cette maison de Tamerville, à ces origines que les Filles de la Miséricorde aiment à faire revivre, c'était vraiment une édification générale. Pendant trente années, a écrit Mgr Delamare, *toutes* les religieuses passaient successivement, et sans interruption, un jour entier en amende honorable, *la corde au cou*, le scapulaire sur l'épaule. Celle qui était en fonction pour cette pénitence gardait un silence absolu ; la seule parole qu'elle eût à prononcer était de demander à genoux le pain sec qui lui servait de dîner, et qu'elle mangeait dans la même posture. Le but de cette rigoureuse pratique était d'obtenir la conversion des pécheurs. N'est-il pas juste de dire qu'ainsi Julie préludait à l'œuvre, plus tard si répandue et si florissante, de l'archiconfrérie de Notre-Dame-des-Victoires ?

De si saintes choses, une si édifiante famille religieuse, ne devaient point profiter à une seule paroisse ; la diffusion de la congrégation entrait dans les desseins de Dieu et dans les plans de la fondatrice. Mais durant plusieurs années il ne fut pas permis de songer à des écoles nouvelles. Outre que le personnel, suffisant pour la maison de Tamerville, était trop peu nombreux pour qu'il fût prudent de le diminuer, la mort avait, de 1817 à 1820, enlevé plusieurs des Sœurs et fait de cruels vides dans les rangs. M. l'abbé Cabart insistait néanmoins pour en avoir deux dans sa paroisse natale, Tourlaville, commune voisine de Cherbourg. Par les soins du vénéré Supérieur et du Curé, un local était prêt. Julie eût apporté à la conclusion de cette affaire tout l'empressement de sa foi : comment faire cependant ? où trouver les deux religieuses sans nuire à l'établissement principal ? Un premier essai, tenté à Octeville, avait mal tourné, car les trois maîtresses envoyées à ce poste y avaient laissé la vie, bien qu'étant dans la force de l'âge. Averti de ces détails, l'abbé Cabart ne retirait pas pour cela sa demande. Julie eut recours à la prière afin de connaître la volonté de DIEU. Ici se place un second fait non moins surprenant que celui de la guérison citée plus haut.

Dans son anxieuse perplexité, après s'être de nouveau recommandée au Seigneur, elle venait, un soir, de se mettre au lit, lorsqu'il lui semble voir auprès d'elle une apparition. Julie n'était ni superstitieuse ni peureuse ; l'imagination n'avait guère de prise sur sa calme raison : elle regarde donc en face ce qui se montre à elle. Quelle surprise, ô Ciel! et quelle émotion ! ce visage est celui de la Sœur Euphrasie, la première de celles qui ont succombé à Octeville ! Euphrasie fait entendre ces paroles : « Ma Mère, il faut commencer ! »

De plus en plus émue, la Supérieure répond : « Vous le voyez, ma fille, je n'ai personne ! » Et la vision s'efface. Le lendemain, elle se reproduit, le même ordre est réitéré : — « Il faut commencer, ma Mère : le temps est venu ». Julie ne peut que dire : « Ma fille, vous m'affligez : ne voyez-vous pas l'impossibilité où je me trouve ? » Une troisième fois l'apparition a lieu: — « Envoyez Sœur Augustine et Sœur Euphrosyne. » Sœur Euphrosyne était l'orpheline de Savoie.

Est-ce intérieurement, est-ce des yeux et des oreilles du corps, que Julie voyait et entendait? Elle n'a pu le dire; et cela ne doit pas surprendre, puisque le grand Apôtre lui-même, racontant son ravissement au troisième ciel, ajoute : *Cela s'est-il fait dans mes sens ou hors de mes sens, je l'ignore; c'est Dieu qui le sait*[1]. Et deux fois il émet le même doute. Ce qui est sûr, c'est que la bonne supérieure considéra l'évènement comme un avertissement qui devait faire cesser toute hésitation. Dès le lendemain, sans plus attendre, elle partait avec les deux Sœurs.

L'arrivée à Tourlaville n'était cependant guère faite pour l'encourager : on lui offrait une maison à peine habitable ; et, quant au mobilier, il n'y en avait pas trace. Elle était elle-même parfaitement hors d'état d'y pourvoir. Ses filles étaient encore plus déçues ; la tristesse peinte sur leurs visages le révélait assez. Julie, après ce premier moment, les ranima par son esprit de foi.— « Ce n'est point

---

1. « Sive in corpore nescio, sive extrà corpus nescio, Deus scit, raptum hujusmodi usque ad tertium cœlum ». II Cor. XII, 2.

un établissement avantageux et commode que nous cherchons, dit-elle, mais du bien à faire, dans l'anéantissement de notre personne. C'est DIEU qui nous veut ici, il n'y a point à en douter : sa providence sait nos besoins présents, elle les secourra comme elle a fait déjà tant de fois depuis que nous nous sommes remises entre ses mains. Gardons-nous de commencer par nous défier d'elle. » A ce moment elle leur dit sa vision, dont le récit transporta de joie ces cœurs simples, pieux et confiants. En effet, l'abbé Cabart envoya le strict nécessaire ; on s'installa le moins mal que l'on put ; les enfants vinrent à l'appel, et les classes furent ouvertes. Cette maison s'affermit, prospéra, et donna même naissance à une seconde école dans un hameau voisin. Tourlaville, à 4 kilomètres de Cherbourg, est d'ailleurs un centre assez important, peuplé de près de 5.000 âmes, bien qu'il ne soit pas chef-lieu de canton. En 1825, grâce à l'activité de l'abbé Cabart et à la protection de la famille de Tocqueville, on acheta une autre maison, qui est restée propriété des Sœurs.

Vers la même époque, on put donner aussi des filles de la Miséricorde à la paroisse de Fresville, qui les réclamait instamment.

Les intentions de l'abbé Cabart étaient d'assurer à la Congrégation sa petite fortune,

20.000 frs qu'il possédait sur la banque d'Angleterre. DIEU ne permit pas que cette somme arrivât à sa destination : avant d'avoir pu signer le testament qu'il méditait, le vertueux prêtre mourut subitement, pendant la semaine-sainte de 1827. C'était pour nos Sœurs l'ami, le soutien, le conseil par excellence. Il sembla qu'elles perdaient tout avec lui ; mais DIEU leur restait. M. l'abbé Dancel les consola, leur continua sa bienveillance, et fut vraiment pour elles un second père. Ces deux noms s'associent dans la reconnaissance des Filles de la Miséricorde, et celui de l'abbé Cabart est surtout en vénération. Homme de DIEU par toutes ses aspirations comme par son ministère, il s'oublia lui-même pour ne s'occuper que des intérêts du ciel et des âmes ; il eut la joie la plus chère à son cœur sacerdotal, celle de voir triompher de tant d'obstacles la petite et sainte famille qu'il avait généreusement aidée de ses prières, de sa direction, de ses modestes facultés temporelles. Il fut l'élu de DIEU pour cette œuvre.

M. l'abbé Dancel ne tarda guère non plus d'être enlevé à nos Sœurs : un décret royal, sanctionné par le Souverain-Pontife, l'appela à l'évêché de Bayeux, cette même année 1827. Mais, avant de partir, il veilla à ce que les secours spirituels fussent assurés à ses pieuses filles. En même temps arrivait un don généreux de la sœur de l'abbé Cabart, qui, connaissant les intentions du supérieur défunt, envoyait au couvent de Tamerville une somme de 10.000 frs.

On songeait à acheter le vieux monastère qu'on habitait, afin de bénéficier de la loi de 1825, qui protégeait les biens des communautés reconnues par l'État, et accordait à celles-ci le droit de posséder comme être moral. Le gouvernement réparateur de la Restauration avait voulu, par cette loi, restituer aux ordres religieux ce que leur avait enlevé la Révolution, l'existence légale, et ce que leur disputait encore chaque jour un libéralisme hypocrite, ennemi de Dieu, héritier de toutes les haines passées, et qui ne manqua pas une occasion de traduire sa menteuse formule de « liberté pour tous » par « oppression violente et incessante des catholiques ». L'une des conditions de cette reconnaissance par l'Etat fut que toute congrégation admise à en jouir possédât une maison convenable pour siège des supérieurs, c'est-à-dire pour maison-mère.

Des difficultés de divers genres empêchèrent la réalisation de ce vœu pour Julie, qui comprenait maintenant qu'il fallait, grâce à l'accroissement de sa chère famille, se procurer un local plus considérable. Ce vieux couvent de Tamerville, objet de tant de vœux, qui paraissait si grand dans les premiers temps, était désormais trop au-dessous des besoins nouveaux. Julie avait soixante-six ans, en 1832, lorsqu'elle pria un ecclésiastique dévoué, M. l'abbé Lerenard, vicaire de la paroisse, de se mettre en campagne pour lui trouver une maison. Dans sa confiance elle disait : « Le Bon Dieu sait que nous en avons besoin, il nous la fera découvrir et nous la donnera. »

Dieu, en effet, ne manqua point à sa servante.

Chapitre quatrième.
L'Abbaye de Saint-Sauveur-le-Vicomte.

APRÈS quinze ans de paix et de rare prospérité, la Restauration était tombée, en juillet 1830, sous les coups d'une conspiration, dès longtemps ourdie, de tous les débris révolutionnaires et de toutes les ambitions malpropres. Un régime bâtard, irréligieux par instinct, par origine et par situation, s'était installé à la place de la royauté légitime, et, entre autres forfaits, commit celui de remettre en honneur hommes et choses de cette coupable et sanguinaire hérésie qui a nom la Révolution. Issu de lâches trahisons, né sur les barricades d'une insurrection soudoyée, servi par des esprits passionnés et peu scrupuleux, le gouvernement de Louis-Philippe avait le sentiment que la vertu lui était hostile, et il éloigna la vertu. Pour mettre les consciences à son niveau, il fallait les abaisser, et un travail général fut organisé sur tout le territoire, jusque dans le moindre village, pour abaisser les consciences. Tout ce qui était suspect, compromis ou taré dans la société se sentit délivré; la place fut aux maltôtiers de tout ordre. Quand on veut juger un gouvernement, il est une caractéristique qui frappe le premier regard : il n'y a qu'à voir ceux qui le soutiennent.

La révolution de 1830 fut l'œuvre d'une bourgeoisie envieuse, égoïste, à vues courtes ; d'une presse menteuse, impie, dissolvante ; d'une classe peu estimable de tribuns pétris d'erreurs et de convoitises. Aussi s'en prit-elle, dès l'abord, à tout ce qui est sacré. L'archevêché de Paris fut pillé, des églises envahies et profanées, les croix abattues, les prêtres insultés, les établissements catholiques menacés. En province, mille tyranneaux, signalés à l'attention des maîtres du jour pour leur hostilité au vrai roi et à la religion, furent improvisés maires, juges-de-paix, gardes-champêtres. Les hymnes de sang de l'époque maudite revinrent en honneur ; Louis-Philippe lui-même, une loque tricolore à la main, les entonnait du haut de son balcon devant les foules déguenillées, les mêmes qui plus tard le chasseront parmi tous les outrages.

Ce furent de bien mauvais jours pour les honnêtes gens et les chrétiens. Ce que nous avons vu en 1880, la persécution contre les ordres religieux, la fermeture des chapelles, le crochetage officiel des couvents, les écoles sans DIEU, était en germe dans toutes ces têtes affolées d'irréligion. Quelques commencements d'exécution eurent même lieu sur divers points de la France ; mais peu à peu un léger calme se fit, les esprits s'apaisèrent en partie, et le bien put continuer de s'accomplir.

Julie avait craint, un moment, d'être inquiétée dans sa congrégation ; les beaux-esprits du lieu avaient parlé de renvoyer celles qu'ils appelaient dédaigneusement « les nonnes ». Mais, le département de la Manche étant un des mieux conservés et des plus chrétiens, cette malveillance isolée n'avait abouti ni pour la Miséricorde, ni pour les Bénédictines, ni pour les Sœurs de la Providence, ni pour les autres institutions religieuses, bien qu'elles eussent toujours à redouter les hommes d'un tel pouvoir. C'est une note saillante de l'école révolutionnaire de ne point s'accommoder de DIEU, et d'en venir tôt ou tard à lui déclarer la guerre.

En 1832, ainsi qu'on vient de le lire au chapitre précédent, Julie Postel pria M. l'abbé Lerenard de s'occuper pour elle d'une maison plus grande, très grande même : car les postulantes se présentaient, et novices et professes augmentaient d'année en année. Le bon abbé prit au sérieux sa mission ; la famille de M. Gilles, restée fidèle amie de la congrégation, agit de son côté, et l'on eut le bonheur de découvrir ce qui convenait exactement pour une installation durable. C'était encore un bien d'église, dont s'était emparée la première révolution. Julie éprouvait une intime consolation à faire rentrer dans leur destination pieuse des propriétés de ce genre.

En quittant Tamerville, on rencontre à peu de distance, au sud, la ville de Valognes, et de là, si l'on prend la route de Coutances, toujours au midi, à quatre lieues seulement, on trouve un chef-lieu de canton de 3.000 habitants, sur un plateau qui domine un marais où coule la rivière de la Douve : c'est *Saint-Sauveur-le-Vicomte*, nommé aussi *Saint-Sauveur-sur-Douve*. Le voyageur y visite les ruines d'un château-fort du Xe siècle, et à cette époque celles d'une abbaye de l'ordre de S. Benoît qui remontait à 1049, et avait été fondée par Nigel ou Néel, vicomte de Coutances. Ses premiers religieux lui étaient venus de la fameuse abbaye de Jumièges près Rouen, l'une des plus célèbres et des plus magnifiques de tout le royaume. Déjà en 1824 la fondatrice de la Miséricorde avait eu la pensée d'acheter l'abbaye de Saint-Sauveur : son dénûment s'y opposa. En 1832, après réflexion, MM. Lerenard et Gilles (le fils de l'ancien maire) voulurent s'assurer de près de ce qu'il y aurait dans cette direction, car on parlait aussi d'un vieux château à vendre. Ce château, qui fut visité le premier, offrait des avantages matériels, compensés par un double inconvénient : un prix inabordable, et la volonté de ne céder que la moitié des bâtiments. Les envoyés se rejetèrent donc forcément sur l'abbaye, et il y eut là encore un trait de Providence. Le propriétaire consentait à vendre sur mise à prix de 50.000 frs, puis le lendemain il en demanda 68.000, dont on s'acquitterait en rente annuelle. L'accord se fit sur ces conditions, et Julie fut avisée.

Avant d'accepter, elle se met à genoux pour avoir de Dieu une réponse, implore S. Joseph, et se consacre à lui avec toute sa communauté. S. Joseph ne délaisse point l'âme qui l'implore. La vénérée Mère eut un second songe, ou une seconde vision (car elle ne pouvait démêler la nature de ces impressions). Il lui sembla qu'elle était en face de l'abbaye de Saint-Sauveur, qu'elle voyait très distinctement, et en même temps, accompagnée d'une amie, elle en prenait possession. Voici qu'à un endroit de la muraille où il y avait un pas difficile, sa compagne abandonne sa main, s'enfonce et disparaît, pendant qu'elle-même avance et entre assez facilement. — Julie, sans s'arrêter beaucoup à ce songe ou à cette vision, part incontinent pour Saint-Sauveur, emmenant avec elle la Sœur Marie. Tout-à-coup, parvenue au pied du mur de l'enclos, elle s'arrête avec une profonde émotion : — « Voilà, dit-elle, les lieux que j'ai vus la nuit dernière, avec le mauvais passage où Mme X... a disparu en me tendant les bras ! »

La dame dont il s'agit avait pris avec la communauté des engagements pour y venir terminer ses jours à titre de pensionnaire, et ce qu'elle devait apporter aurait facilité l'acquisition ; mais elle ne tint qu'à moitié sa parole, et mourut au moment de se rendre à Tamerville.

Julie entra donc dans l'abbaye, et se rendit au milieu des décombres de l'église, où elle s'agenouilla pour implorer de nouveau l'assistance du Ciel : elle crut entendre une réponse intérieure qui l'appelait en cet antique asile de la prière, où sa foi contemplait dans le passé tant de vertus abritées dans la sainte solitude. Oh ! qu'il lui était doux de penser qu'elle avait été choisie pour en renouer la chaîne ! Son âme était transportée. Oui, c'était bien la voix de DIEU qui lui parlait. A l'instant elle improvisa, en quatre strophes, un chant de reconnaissance qu'elle aimait à redire encore dans ses dernières années :

« Au seul aspect de ce saint édifice,
Nos cœurs sont pleins de douleur et d'amour :
Nous désirons que le saint sacrifice
Y soit offert et la nuit et le jour.
Mais, en retour de ces faveurs extrêmes,
Sachons à DIEU nous immoler nous-mêmes.

Sur ces débris, qu'une simple chapelle
Serve du moins à calmer nos désirs.
Gémissons-y, comme la tourterelle,
Devant DIEU seul, objet de nos soupirs.
Ce sont nos vœux comme notre espérance.
Exaucez-nous, DIEU de toute clémence.

> Religieux dont les cendres reposent
> Dans ces lieux saints, autrefois consacrés
> Par les travaux que vos règles imposent,
> Par vos vertus et par vos chants sacrés,
> Obtenez-nous que dans cette retraite,
> Vous imitant, chaque sœur soit parfaite.
>
> Très chaste Époux de notre sainte Mère,
> Ange du ciel et père du Sauveur,
> Grand saint Joseph en qui mon âme espère,
> Je vous demande une seule faveur :
> De votre main relevons l'Abbaye,
> Pour y servir et JÉSUS et Marie. »

L'arrangement est fixé immédiatement avec le propriétaire, et peu après le contrat était signé, le 6 janvier 1832, au nom de la Sœur Marie, économe du couvent, représentant la société. Mais il y avait à faire de nombreux travaux d'appropriation qui demanderaient de longs mois, et il fut décidé que la prise de possession par les Sœurs aurait lieu seulement le 15 octobre, fête de sainte Thérèse, pour qui Julie avait toujours eu beaucoup de dévotion. N'était-elle pas son modèle dans les difficiles travaux de fondation, aussi bien que dans la vie mortifiée, dévouée, recueillie à la fois et toute active ?

Un mot sur l'histoire de cette abbaye sera ici à sa place.

Ainsi que nous l'avons dit, elle datait du XIe siècle, et remplaçait une collégiale établie en 998 dans le château même. Comme il y eut à bâtir sur un terrain différent, la consécration de l'église ne put se faire qu'en 1150. La famille d'Harcourt succéda aux Néel dans le domaine de Saint-Sauveur, jusqu'au milieu du XIVe siècle, où il fut cédé au roi d'Angleterre à la suite du traité de Brétigny. Les Anglais, se fortifiant dans le château, détruisirent presque entièrement l'abbaye, dont ils craignaient que les moines fussent plus fidèles au roi de France qu'au souverain étranger. Les religieux se retirèrent dans l'abbaye de Cherbourg, ensuite dans l'île de Jersey, où ils possédaient quelques revenus. Ils revinrent au commencement du siècle suivant, obligés de quitter Jersey, les vindicatifs Anglais ayant séquestré leurs biens. L'histoire locale raconte l'extrême détresse à laquelle ils furent alors réduits. Leur cuisine était un appentis dressé contre un pan de mur; ils couchaient sous des fragments de voûtes, et pouvaient à peine se procurer le pain nécessaire.

Les Anglais ayant été expulsés, des ressources furent trouvées, et l'on commença les réparations. Une superbe église remplaça la première; elle avait 66 mètres de longueur, et par son style rappelait les magnificences de celle du Mont Saint-Michel. Nous n'avons pas besoin de dire ce que la Révolution fit de ce lieu sacré : un monceau de décombres, d'où l'on arrachait les pierres pour bâtir ailleurs, suivant le caprice ou les convenances des nouveaux occupants. L'administration révolutionnaire, prudente dans son impiété, avait vendu la chapelle à part, avec obligation pour l'acquéreur de la démolir à bref délai : ces gens-là ont toujours peur de voir, un jour ou l'autre, le Bon DIEU rentrer chez lui ! La démolition sacrilège s'était accomplie ; mais celui qui s'y voua mourut tragiquement, comme la plupart des criminels de cette époque honteuse et funeste.

La haine des couvents naît tout naturellement de celle de DIEU ; elle est le partage de tout ce qui abandonne la justice et la vérité. Pourquoi, cependant, cette inepte persécution ? Est-ce que *la liberté*, si bruyamment proclamée, ne me permettra pas de vivre avec mes frères selon le règlement intérieur qui nous convient ? La fameuse *égalité* m'interdira-t-elle de la pratiquer dans sa perfection ? et quant à la *fraternité*, qu'est-elle si je ne puis partager paisiblement tout ce que j'ai avec ceux qui se disent et qui se sont faits mes frères ? Un esprit déchu, mais puissant encore, et qui est devenu l'apôtre abaissé des tourbes révolutionnaires, M. V. Hugo, n'a pu s'empêcher de ressentir ces contrastes.

« Des hommes, a-t-il écrit, se réunissent et

habitent en commun. De quel droit ? En vertu du droit d'association. — Ils s'enferment chez eux. En vertu de quel droit ? En vertu du droit qu'a tout homme d'ouvrir ou de fermer sa porte. — Ils ne sortent pas. En vertu de quel droit ? En vertu du droit d'aller et de venir, qui implique le droit de rester chez soi.

» Là, chez eux, que font-ils ? Ils parlent bas, ils baissent les yeux, ils travaillent. Ils renoncent au monde, aux villes, aux sensualités, aux plaisirs, aux vanités, aux orgueils, aux intérêts. Ils sont vêtus de grosse laine ou de grosse toile. Pas un d'eux ne possède en propriété quoi que ce soit. En entrant là, celui qui était riche se fait pauvre; ce qu'il a, il le donne à tous. Celui qui était ce qu'on appelle noble, gentilhomme ou seigneur, est l'égal de celui qui était paysan. La cellule est identique pour tous. Tous subissent la même tonsure, portent le même froc, mangent le même pain noir, dorment sur la même cendre ; le même sac sur le dos, la même corde autour des reins. Si le parti pris est d'aller pieds nus, tous vont pieds nus. Il peut y avoir là un prince : ce prince est la même ombre que les autres. Plus de titres ; les noms de famille même ont disparu ; ils ne portent que des prénoms ; tous sont courbés sous l'égalité des noms de baptême. Ils ont dissous la famille charnelle, et constitué dans leur communauté la famille spirituelle. Ils secourent les pauvres, ils soignent les malades. Ils élisent ceux auxquels ils obéissent. Ils se disent l'un à l'autre : Mon frère.

» Mais ces hommes, ou ces femmes, qui sont derrière ces quatre murs, ils s'habillent de bure, ils sont égaux, ils s'appellent frères : c'est bien ; mais ils font encore autre chose ? — Oui. — Quoi ? Ils regardent l'ombre, ils se mettent à genoux, et ils joignent les mains.

» Qu'est-ce que cela signifie ? — Ils prient. — Qui ? — DIEU.

» Prier DIEU, que veut dire ce mot ? — Mettre, par la pensée, l'infini d'en bas en contact avec l'infini d'en haut, cela s'appelle *prier*.

» La grandeur de la démocratie, c'est de ne rien nier et de ne rien renier de l'humanité. Près du droit de l'homme, du moins à côté, il y a le droit de l'âme. »

Hélas ! ceux qui se sont faits les chefs de cette démocratie, et qui parlent en son nom, entendent autrement les choses. Persécuter, calomnier, confisquer, leur est un doux passe-temps.

Oubliera-t-on, d'ailleurs, que ces monastères, ces abbayes, ont sauvé la civilisation durant les durs siècles des invasions barbares ; que le trésor des lettres et des arts eût péri sans eux ; qu'ils furent l'asile des vaincus ; la providence des penseurs, le foyer où se réfugièrent les sciences, et que la liste des hommes illustres qu'ils ont produits est la plus splendide de l'histoire. Nous leur devons les universités, les collèges, les hôpitaux, les écoles de tout genre, autant que les documents de l'histoire et les plus remarquables inventions. La société moderne, si fière de ses progrès, est sortie des cloîtres : en les abattant, elle fait œuvre de mauvais fils, se déshonore et se suicide. Car ils représentent l'empire de l'âme, et, là où l'âme est rejetée au second plan, il n'y a plus de vie pour une société. — « Cette généreuse milice de DIEU embrasse, dans l'étreinte d'un amour sans limites, l'humanité tout entière. Ils pressent dans leurs bras tous les pauvres êtres souffrants ou délaissés, pour lesquels la vie est sombre et amère ; ils mêlent leurs larmes aux leurs, pansent les blessures de leur âme et de leur corps, et font rayonner sur le monde la splendeur d'une inépuisable charité ; et la lutte difficile qu'ils engagent contre les impressions de la chair et le cri du cœur, loin d'affaiblir leur amour, l'exalte en l'épurant. Est-il rien de plus touchant que cette innombrable phalange de prêtres et de religieux qui, foulant aux pieds les joies même permises, savent puiser dans le cœur de JÉSUS-CHRIST les délices d'un amour suprême ! » [1]

---

[1]. Dr Despiney, *L'Art de vivre*, p. 38.

Ce n'est point à Saint-Sauveur seulement qu'on rencontre les ruines de ces nobles et saintes maisons ; il n'est que trop vrai de dire qu'elles couvrent le sol de la France, soit par leurs murailles renversées, soit par les destinations profanes que leur ont faites les spoliateurs. En les voyant, on se demande avec tristesse : Les barbares de la Germanie et du Nord, subjugués à la fin par les milices religieuses, furent-ils aussi cruels, dans leurs implacables ravages, que les fils dégénérés et apostats de l'Évangile, se ruant en sauvages sur les sources de leur grandeur et sur les monuments du génie national et chrétien ?

Chapitre cinquième.
Le chef-lieu de la Congrégation est enfin fixé.

LORSQUE, le 15 octobre 1802, sous la protection de Ste Thérèse, les Filles des Ecoles Chrétiennes de la Miséricorde, conduite par leur bonne et sainte mère, prirent possession de l'abbaye de Saint-Sauveur, refuge désormais assuré pour elles après tant de vicissitudes et de souffrances, peu de chose dans la propriété était encore debout. Il ne restait de l'église, nous dit le premier biographe [1], que quelques magnifiques débris ; la maison abbatiale, un peu moins endommagée, n'avait plus ni portes ni fenêtres ; les ouvertures étaient bouchées avec des épines ; les toitures n'existaient plus ; la pluie, cette pluie presque incessante de la Normandie, tombait dans ce qu'on voulait bien encore, à défaut d'autre nom et par pure indulgence, appeler les appartements ; les planchers, brisés, affaissés, s'étaient réjoints d'un étage à l'autre. Les murs extérieurs, heureusement, étaient solides, mais eux seuls.

---

1. M. Delamare, *Vie*, etc., p. 96.

Le premier soin de Julie fut de préparer une chapelle provisoire: elle l'établit dans l'ancienne bibliothèque de l'abbé, et on la bénit le jour même de la fête de la Dédicace. Ce fut aussi le jour de l'installation de M. l'abbé Lerenard, qui devint, avec un désintéressement tout sacerdotal, le chapelain en titre et le père spirituel de la communauté. Julie fit encore disposer deux autres oratoires dans les décombres de l'église.

Les religieuses étaient au nombre de quatorze. La Supérieure commença par leur faire entrevoir un sujet de prières et de mortifications expiatoires qui, sans être nouveau pour elles, s'imposait à leur religion d'une manière plus pressante dans ces débris de lieu saint profané : c'était de faire pénitence, amende honorable expresse et perpétuelle, pour les crimes révolutionnaires qui ont souillé la France, et plus spécialement pour ceux de cette province et du lieu où la communauté vient d'être appelée par la Providence. Cette pensée était celle de bien des âmes, à cette époque. Notre pays n'a point suffisamment expié, la pénitence n'a pas été publique : et c'est pour cela peut-être que nos maux se sont perpétués. La nation a péché collectivement, soit en s'unissant aux exécrables bandits de la Révolution, soit en les tolérant à sa tête, soit en adoptant leurs théories affreuses, soit en voulant vivre de leur souffle; soit en laissant son roi, ses pontifes, ses meilleurs citoyens : à une faute commune il faut pénitence commune : et elle n'a pas été faite. Julie ressentait vivement une telle situation devant DIEU, et volontiers elle lui eût présenté ses filles comme des victimes empressées, disposées à tout sacrifice. Au surplus, ce principe d'immolation, de compensation, de rachat, est un des premiers de tout ordre religieux dans l'Église. La République de 1880, qui s'est ruée, elle aussi, sur les communautés saintes, ne se doutait point que par ce sacrilège elle réveillait et aggravait l'ancienne dette de ce peuple envers DIEU, pendant que d'autre part elle détruisait devant la justice divine la barrière qui en arrête les éclats. « Ces hommes, dit l'Écriture (*Prov.* IV, 17), mangent le pain de l'iniquité, ils boivent le vin de l'iniquité », et ils n'ont pas même conscience du mal qu'ils font.

Julie Postel, toujours poussée, malgré l'âge, par la même activité, s'occupa ensuite des réparations indispensables. Elle veut arriver peu à peu à rétablir l'abbaye dans des conditions tout au moins acceptables : le bon ordre l'exige, et le bien même en dépend en grande partie. Les Sœurs travailleront personnellement, chacune selon ses forces et ses aptitudes, à la restauration du tout ; les tâches sont distribuées ; on se met à l'œuvre. Les jardins sont étendus ; on y joint un terrain voisin marécageux, et, malgré le froid et les pluies de l'hiver, les Sœurs entendent que dès le printemps suivant ces terrains rapportent ce qu'ils peuvent donner. L'excellent aumônier travaille, bêche, sarcle, draîne comme un ouvrier. Très rapidement le jardin des Sœurs de Saint-Sauveur fut renommé dans le pays pour l'abondance et la qualité de ses légumes et de ses fruits. La sœur jardinière étonnait tout le monde par son labeur, sa persévérance, les résultats qu'elle obtenait. Et pourtant, un beau jour, elle vient trouver la Supérieure et lui dit : « Ma Mère, à vrai dire, je n'en puis plus : j'ai dépassé la cinquantaine ; la fatigue vient, je ne suis plus bonne à grand'chose : donnez-moi, je vous prie, une sœur jeune pour m'assister dans mon enclos. — Je n'ai personne maintenant, ma fille, répondit Julie : il faut patienter. Tenez : vous avez cinquante ans, j'en ai trente de plus ; c'est moi qui irai vous prêter main-forte, car nous ne pouvons nous ralentir dans cette besogne de famille. » Elle descendit effectivement au jardin et ne s'épargna point, malgré l'opposition mise par la jardinière à cet effort au-dessus du pouvoir de la vieille supérieure ; et la bonne fille, confuse, disait : « Ceci, en vérité, me rend vigueur et courage pour dix ans ».

Les ateliers, d'où l'on tirait la subsistance ordinaire, reprirent et se développèrent avec le même entrain : tricot, couture, broderies et tissus, blanchissage, raccommodage, ne permettaient à personne de rester inutile dans la pieuse rûche. Le travail manuel, pénitence imposée à l'homme, devient le plus souvent la meilleure condition de sa santé, et même de son être moral. C'est pourquoi les fondateurs d'ordres ont, en général, fort insisté sur ce sujet. S. Benoît ne veut pas que ses disciples se bornent au travail intérieur, intellectuel, spirituel : il leur fait une obligation du travail extérieur, manuel, fût-ce simple écriture et transcription. Il donne à ce travail sept heures par jour, entre la prière et l'étude. « Vous ne serez véritablement moines, leur disait-il, que si vous vivez du travail de vos mains. » — Saint Basile, dans cette règle qui a été celle de l'Orient monastique, n'entend pas que le jeûne même soit un obstacle à ce genre de travail : « Si le jeûne vous interdit le labeur, il vaut mieux manger, comme des ouvriers de JÉSUS-CHRIST que vous êtes. » — Le travail physique, d'après la science physiologique, est très favorable à la culture de l'âme. Celui qui se fait par les mains, dans une réunion de personnes religieuses, à la vie régulière, s'allie admirablement avec les aspirations les plus sérieuses à la vie parfaite. Notre-Seigneur n'en a-t-il pas donné l'exemple, durant la plus grande partie de sa vie mortelle ?

C'est pourquoi, lors même que la nécessité matérielle ne l'y eût pas conduite, la Mère eût imposé par principe cette obligation aux Sœurs. Souvent elle leur en parlait dans ses instructions, dans sa conversation, dans ses directions particulières.

Voilà donc comment on arriva, en outre du bienfait spirituel, à quadrupler les revenus bien modestes de la maison et terre de Saint-Sauveur ; ce qui facilita, tout naturellement, les réparations et reconstructions de bâtiments. Et cet ensemble allait vîte, par la bénédiction de Dieu sur ces cœurs de bonne volonté et d'action.

Mais Julie Postel aurait-elle oublié son but principal et premier, l'éducation, ou bien sa pensée se serait-elle modifiée avec les circonstances, et se bornerait-elle à tenir, du mieux possible, une ou deux écoles de village et de ville ? Gardons-nous de le craindre. Elle avait son pensionnat d'orphelines, qui lui était si cher, ses petites filles pauvres instruites gratuitement, et puis un autre pensionnat pour les jeunes personnes aisées; elle avait ses espérances pour la diffusion future de ses institutrices bien préparées, qu'elle formait ardemment à leur ministère tout apostolique. Ses sœurs étaient, avant tout, les Filles des Écoles

Chrétiennes : ce qu'elles sont restées en se multipliant. Elle les exhortait non seulement à faire de bonnes classes, à se rendre habiles dans leurs fonctions, mais à prier fréquemment et avec grande ferveur pour les enfants qui leur étaient confiées.— « Sans l'assistance de DIEU, disait-elle, vous frapperez vainement à la porte de ces cœurs, et vainement aussi vous espérerez avoir déposé des connaissances utiles dans ces esprits. Sans le secours divin, nous ne serons que de tristes maîtresses, et nous n'aurons que des élèves médiocres qui ne répondront point à la pensée de notre institut. Avec le Bon DIEU pour nous et en nous, nous lui procurerons d'édifiantes servantes ; sans lui, nos fatigues et nos sacrifices n'aboutiront pas. Prions donc, prions toujours pour nos enfants. N'oublions pas que nous sommes ici, dans cette abbaye, les successeurs de religieux bénédictins que leur vocation appelait à instruire les peuples, et qui l'ont fait durant des siècles. Nous avons la même foi, le même objet, presque les mêmes exercices : montrons-nous donc dignes de leurs travaux si chrétiens et de leur nom illustre. »

De Bayeux, Mgr Dancel vint visiter ses anciennes et chères filles de la Miséricorde, pour les encourager, les féliciter, les bénir. Elles ne devaient plus le revoir ! Ce prélat avait pour elles la plus haute estime ; témoin de leurs épreuves, de leur soumission, de leur fermeté, de leur consciencieuse régularité, il aimait à faire partout leur éloge. Quant à la Supérieure, c'était de la vénération qu'il ressentait pour elle. Plus d'une fois il a répété à ceux qui l'entouraient : « Si l'on savait ce qu'il y a de sublime dans l'âme de la supérieure et fondatrice de la Miséricorde, ce qu'il y a de merveilleux dans son dévouement et dans sa vie ! Mais elle ne souffre pas qu'on parle d'elle : le faire, ce serait lui donner la mort. DIEU, du reste, en sera certainement glorifié plus tard, à une heure connue de lui. »

L'église avait été prête la première, parmi tous ces travaux ; là tendaient avant tout les efforts de la vénérable Mère Marie-Madeleine. Elle se faisait un devoir de recueillir les moindres fragments ayant appartenu à l'ancienne chapelle, afin de les restituer à la nouvelle. Lorsque ces réparations furent dans un état convenable, la Supérieure écrivit à Mgr l'Évêque de Coutances, en 1833, le 20 mai : — « Vos pauvres filles de la Miséricorde, que la
» Providence a daigné conduire à Saint-Sau-
» veur-le-Vicomte, pour pleurer sur les ruines
» de son antique abbaye, et y faire jour et
» nuit amende honorable, supplient Votre
» Grandeur de leur accorder la permission de

Liv. III, Ch. V.— La Congrég. fixée.

» chanter la Messe et les vêpres, tous les di-
» manches et jours de fêtes, dans une modeste
» chapelle décemment ornée. Elles vous sup-
» plient en même temps de leur accorder les
» privilèges spirituels dont jouissent les fidèles
» dans le monde. » — Et ici elle indique les bénédictions du Saint-Sacrement qu'elle désire
établir régulièrement, pour la consolation et
l'édification de sa communauté. Elle termine
ainsi : — « Nous sollicitons le tout pour la plus
» grande gloire de Dieu, avec pleine et entière
» soumission à la volonté de Votre Grandeur. »
— Le Curé de Saint-Sauveur, qui remerciait
Dieu de posséder dans sa paroisse cette fervente congrégation, transmit la supplique au
prélat, et tout ce qui avait été demandé fut
gracieusement octroyé.

Dix ans plus tard, le 2 septembre 1842, le
souverain-pontife Grégoire XVI, sur l'exposi-
tion présentée par Mgr l'Évêque de Coutances
du bien qui s'opérait dans son diocèse grâce
au dévouement des Sœurs de la Miséricorde,
leur accordait à perpétuité la faculté de gagner
les mêmes indulgences, plénières et partielles,
dont jouit l'institut du B. de la Salle. C'était,
en effet, l'esprit et une grande partie des règles
des Frères des Écoles Chrétiennes, ainsi qu'on
l'a vu ci-dessus, qu'avait adoptés la Mère Marie-
Madeleine dans sa fondation. Ces privilèges

précieux, venus directement du Saint-Siège, furent pour Julie une récompense dont elle ne cessa de bénir le Ciel jusqu'à sa mort. Elle y voyait une preuve nouvelle que son œuvre était agréable à Dieu, et qu'elle était sûrement dans les voies de la Providence divine.

Chapitre sixième.
Pensées et maximes de la Mère Marie-Madeleine.

IL est temps de pénétrer plus avant dans l'intérieur de notre vénérée Fondatrice. Reconnaître DIEU pour créateur et pour maître, s'humilier devant lui, le bénir de ses bienfaits, l'aimer en s'appuyant sur les mérites du rédempteur JÉSUS-CHRIST, accomplir, avec le secours de la grâce d'en-haut, les commandements divins, ce qui équivaut à constituer l'empire permanent de l'âme sur les sens : voilà, en peu de mots, toute la vie chrétienne. Mais, bien que tous les fruits, toutes les fleurs de même espèce se ressemblent pour la substance et pour le fond, il y a néanmoins entre eux mille différences de détail, quant à la grosseur, la forme exacte, l'intensité du parfum, les nuances de la couleur : ainsi, parmi les modèles de la vie vraiment religieuse et parfaite, le Ciel imprime certains cachets particuliers, et cette variété même contribue à la gloire et à la beauté du règne de DIEU, comme celle des fleurs et des fruits à la splendeur générale de la nature. La sœur Marie-Madeleine eut aussi son caractère, son cachet, ses nuances de vertu, qui revivent dans la congrégation établie par elle, et qu'il y a intérêt pour nous à constater et à relever.

Nous en trouverons l'expression la plus authentique dans les maximes à son usage, et dans les instructions qu'elle adressait soit à ses sœurs soit aux personnes du dehors qui, à Saint-Sauveur comme à Tamerville, sollicitaient le bonheur d'assister à ses conférences spirituelles du dimanche. Plusieurs fragments de ces textes nous ont été conservés par Mgr Delamare, à qui nous les demanderons [1]. On admirera sans doute tant de lumière unie à une simplicité et une charité singulières. Julie Postel aimait son DIEU profondément ; elle comprenait le néant et les devoirs de la vie, le combat que nous y soutenons, les règles qui nous y rendent vainqueurs. L'habitude de l'oraison la fait pénétrer dans les régions supérieures ; elle s'y établit, elle y plane, elle en sonde d'un œil sûr les horizons, et les décrit aisément et fidèlement. Il ne se pouvait qu'à pareille école les âmes ne fissent de notables et rapides progrès : le tour vif, énergique, parfois original, de ses expressions et de son langage ajoute à ces extraits un charme spécial.

Lorsque, après les retraites annuelles qui les

---

1. *Vie de J. Postel*, pp. 147 et suiv.

avaient rassemblées pendant quelques jours autour du cœur de la Mère vénérée, les Sœurs allaient partir pour leurs diverses missions et obédiences, Julie ne voulait pas voir sur leurs visages un chagrin trop sérieux de la séparation. — « Est-ce que nous nous séparons, mes filles ? disait-elle. Ne demeurons-nous pas toutes dans le même endroit, qui est le cœur de l'adorable Maître ? C'est là notre vraie résidence, là que nous sommes libres de nous retrouver à toute heure, dans la charité de JÉSUS. Et puis, chères filles, quelque part que nous soyons, DIEU n'y est-il pas ? Et que faut-il davantage ? »

Nous avons dit qu'elle aimait Dieu de toute la puissance de son âme et de son cœur. Elle eût voulu lui gagner tous les hommes sans exception. Ecoutons-la : — « Je voudrais aller jusqu'aux extrémités de la terre pour gagner une seule âme à JÉSUS-CHRIST. Quand j'imagine, dans ma pensée, mille ans, mille fois mille ans, autant de millions d'années qu'il y a de feuilles à tous les arbres, de grains de sable au bord de toutes les mers, je n'ai pas encore approché du mot *éternité !* Éternité qui me ravis, fallût-il aller dans les Indes pour gagner une âme, je partirais à l'instant, dussé-je au bout de ma course trouver le martyre... » Et, s'adressant à ses religieuses : — « Soyez toutes comme l'argile entre les mains du potier, quelque soit l'emploi qu'on vous assigne. L'argile ne dit pas à celui qui la façonne qu'elle ne veut point être employée à de vils usages. Est-ce qu'il peut y avoir quelque chose de petit au service de Dieu ? tout y est grand. Dans la maison des princes, on se fait honneur de porter leurs livrées : faisons-nous donc honneur de porter celles de notre roi. Les livrées de Jésus-Christ sont sa pauvreté, sa couronne d'épines et sa croix : à nous de les recevoir de sa main. On veut bien des croix d'or et d'argent, mais, pour les autres, on leur donne ordinairement un coup de pied... »

Elle revenait fréquemment à ce sujet de la mortification, qui en effet est fondamental. Ce qu'elle y prêchait surtout, c'était l'esprit de cette vertu. — « Ne faites point de mortifications sans que votre cœur les accepte. On peut être sobre avec des perdrix, et immortifié avec des choux. Mangeons tout ce que l'on sert ; et, lorsqu'il se trouve quelque chose que nous n'aimons pas, pensons au fiel et au vinaigre qui furent présentés à Jésus, et après nous trouverons tout bon. — Adorons la volonté de Dieu, et soyons toujours prêtes à monter avec Jésus sur le Calvaire, et à y mourir s'il le faut. On n'a rien à souffrir quand on aime le Bon Dieu. — Dans le cœur d'une bonne religieuse, il n'y a de place que pour Jésus crucifié. »

Elle tient extrêmement à la charité mutuelle parmi les sœurs, à la nécessité de pardonner les défauts ; sans quoi, en outre de l'offense de Dieu, la vie commune est impossible. — « Aimons-nous, mes chères enfants, en Dieu et pour Dieu. Invoquons souvent la très Sainte Vierge sous le beau titre de *Mère de la Miséricorde.* »

« Ne voyons dans nos sœurs que le bien qu'elles font, et que chacune dise, comme S. François: *Si elles avaient cent visages, je le regarderais par le plus beau.* Rendons-nous tous les petits services qui sont en notre pouvoir, et réjouissons-nous d'être les servantes des servantes du Seigneur. Quand vous seriez appelées à leur rendre ces petits services pendant le temps destiné à la prière, faites cet échange de bon cœur : car c'est quitter Dieu pour Dieu. Remercions-le de vouloir bien nous associer à son sacerdoce : il est prêtre et victime. Voilà ce qui s'appelle une mort à sa propre volonté. — Ne faites point de rapports contre vos sœurs, dans la crainte de vous tromper sur leur compte. N'ayez point d'amitiés particulières : les petites déférences que l'on rend aux unes, il faut les rendre aux autres. »

Du reste, qu'on se garde des sentiments purement naturels dans l'accomplissement d'un tel devoir. Tout pour Dieu, à cause de Dieu, avec Dieu. — « Ce n'est pas parce que vos sœurs sont aimables qu'il les faut aimer, mais bien parce que Dieu nous commande d'aimer notre prochain comme nous-même. Nous qui sommes les épouses d'un Dieu qui nous a choisies pour accomplir jusqu'aux conseils évangéliques, nous devons vivre comme les premiers chrétiens, qui n'avaient qu'un cœur et une âme. »

Toute cette doctrine, certes, n'est ni extraordinaire ni nouvelle ; ce sont les éléments de la vie chrétienne, à vrai dire. Ils prouvent du moins à quel point Marie-Madeleine en était pénétrée, et sur quel roc elle établissait la perfection de ses religieuses.

Elle demande le sacrifice entier. Celui de la volonté propre et de l'esprit personnel par cette obéissance bénie que Notre-Seigneur a pratiquée durant trente années. — « Obéissez, mes filles. Obéir, c'est aller au ciel sur les épaules d'autrui. J'obéirais au plus petit enfant s'il avait autorité pour me commander. Je voudrais avoir dans mes mains les chaînes du divin amour, plus fortes que le fer : je vous lierais si étroitement toutes ensemble que nous ne ferions plus, comme les premiers chrétiens qu'un cœur et une âme. »

Cette union des âmes, au nom de Notre-Seigneur, était aussi l'un des sujets qu'elle traitait avec le plus d'insistance, comme la marque vraiment chrétienne de la vertu dans le cloître. N'était-ce pas ce que S. Jean, dans sa vieillesse, répétait à ses disciples jusqu'à les fatiguer ? *Père, vous dites toujours la même chose ! — Mes enfants, tout est là !* — « Que le bonheur des vierges chrétiennes est grand ! dit à son tour la Mère Marie-Madeleine. Elles suivront partout leur divin Époux dans le ciel, si elles le suivent dans ses humiliations sur la terre. » Et ce bonheur, elle veut qu'on s'en rende digne par l'affection mutuelle, par une complète donation de soi-même. — « Puisque vous vous êtes données à Dieu, donnez-vous donc à lui tout entières. Ce Dieu de bonté nous aime tant, qu'il est jaloux. Il ne veut pas la moitié d'un cœur, il le veut tout entier ; il veut l'arbre et le fruit... Un cheveu entre l'âme religieuse et son divin Époux est un mur de séparation... Quittez tout, et vous trouverez la liberté. Ne regardez jamais en arrière. *Laissez les morts ensevelir les morts,* a dit le Seigneur ; *et pour vous suivez-moi.* »

Il ne faut point d'humeurs noires au service d'un si bon maître. — « Je ne veux pas que vous soyez tristes et chagrines : laissez cela aux gens du monde. Donnez-moi toutes vos peines : je les unirai aux miennes, et nous jetterons tout dans la fournaise du divin amour, et il n'en restera rien... Quand on aime, on trouve tant de bonheur à souffrir pour l'objet de son amour! Aimons, aimons sans bornes! Plus nous aurons aimé Dieu ici-bas, plus nous l'aimerons éternellement... Si vous traînez votre croix, vous tomberez ; si vous l'embrassez avec courage, Jésus-Christ la portera pour vous... Le joug du Seigneur et doux, son fardeau léger. Ou souffrir ou mourir ! »

A l'exemple du Sauveur, elle se consacre aux pauvres. — « Les pauvres, les infirmes, sont mes amis, car ils accompagnaient le Sauveur lorsqu'il marchait sur la terre, et je veux aussi le suivre par la pauvreté, l'humilité et les souffrances, le plus près qu'il me sera possible. »

La vocation de ses filles l'amenait à leur adresser fréquemment des avis sur leurs obligations d'état. — « Vous allez, mes filles, instruire la jeunesse : on vous en a jugées capables. Si vous croyez le contraire, dites-vous à vous-mêmes : *C'est Dieu qui m'envoie ; il est assez bon ouvrier pour faire son ouvrage avec de mauvais outils.* Allez, dans ces sentiments, instruire les petites filles, vous souvenant que le royaume des cieux est à ceux qui leur ressemblent. Jésus-Christ les aime : et nous, aimons-les aussi. Quand vous aurez empêché la plus petite enfant de verser une seule larme, dites : Soyez-en béni, mon DIEU ! — Soyez les mères des enfants. Il y en a beaucoup qui n'en ont pas d'autre : car ce n'est pas en avoir que d'en avoir une qui donne de mauvais principes, ou qui seulement n'en donne pas de bons. Gagnez ces jeunes cœurs au Bon DIEU. »

Elle avait une haute idée de l'apostolat de sa congrégation, et s'abandonnait à une sainte joie lorsqu'elle en supputait les fruits. — « Chaque sœur enseignante doit sauver au moins mille âmes pendant sa carrière : un tiers parmi ses élèves, et les deux autres tiers par l'influence des enfants pieux sur leurs parents, par ses prières et par l'édification qu'elle donne. Que nous serons heureuses, dans le ciel, de nous retrouver toutes ensemble, (aucune n'y manquera, je l'espère), et de voir à notre suite tant d'âmes qui nous béniront de les avoir portées à l'amour de DIEU ! *Celles qui auront instruit les autres brilleront comme les étoiles du firmament.* [1] »

Cette joie l'emportait quelquefois dans ses discours. Elle était si heureuse d'appartenir à DIEU, que les expressions lui semblaient faibles pour rendre son allégresse. — « Vive la joie des enfants de DIEU ! *Qu'y a-t-il pour moi dans le ciel, ou qu'ai-je à désirer sur la terre*, sinon

---

[1]. Expression tirée de Daniel, XII, 3 : « *Qui ad justitiam erudiunt multos quasi stellæ in perpetuas æternitates* ».

vous, ô mon Dieu [1] ? *Ma chair et mon cœur défaillent d'amour...* Seigneur, vous êtes le Dieu de mon cœur ; vous êtes mon partage pour l'éternité... Ah ! Éternité, que je t'aime ! *Tous ceux qui s'éloignent de vous périront* [2]. Pour moi, mon seul bien est de m'attacher à vous. Je suis plus riche en vous possédant que les plus riches du monde. *Vos autels, ô Dieu des vertus, vos autels sont mon unique refuge* (Ps. 83ᵉ, 4), mon unique asile. *Heureux ceux qui habitent dans votre maison, Seigneur : ils vous loueront pendant les siècles des siècles. Un seul jour passé dans votre maison vaut mieux que mille* passés partout ailleurs [3]. J'aime mieux être la dernière dans la maison du Seigneur que d'être la première dans le palais des rois.»

« Nous sommes nos plus cruels ennemis : nous ne pouvons nous vaincre que par une guerre continuelle, et nous ne cherchons que nos aises et à nous satisfaire. Cependant nous avons péché, nous méritons de souffrir. Disons donc au Bon Dieu, dans les peines : Encore ! encore ! On veut bien être malade, car on est plaint ; mais, quand on s'oppose à nos désirs,

---

1. « Quid mihi est in cœlo, et à te quid volui super terram ? » (Psaume 72ᶜ, 25.)

2. « Ecce qui se elongant à te peribunt ». (*Ps.* 72ᶜ, 27.)

3. « Beati qui habitant in domo tuâ, Domine ! In sæcula sæculorum laudabunt te ». (Ps. 83ᵉ., 5.)

« Melior est dies una in atriis tuis super millia ».(Ps.83ᵉ., 11.)

nous crions comme si on nous écorchait toutes vives. »

Qu'on se prémunisse contre le découragement, car il est mauvais conseiller, et en lui-même injustifiable. — « Si nous faisons quelque faute, relevons-nous à l'instant. N'en soyons ni surprises ni découragées. — Je vous remercie, Seigneur, de n'avoir pas permis que je me sois éloignée de vous. Je suis tombée dans vos mains pleines de miséricorde... Oh! le beau titre que celui de Miséricorde infinie! c'est le plus consolant des attributs de DIEU. Tout en lui est miséricorde. *Nous chanterons éternellement les miséricordes du Seigneur* [1]. »

Voici encore quelques autres maximes pratiques. — « Ne faites rien par crainte, faites tout par amour. Il n'est rien de si doux que d'aimer dans le saint silence. » — « Le silence est le gardien de toutes les vertus; le babil les ruine toutes. Parler quand il faut, c'est garder le silence; c'est y manquer que de se taire quand il faut parler. » — « Il ne faut point avoir une vertu sauvage. *Faisons-nous toutes à tous*, à l'exemple de S. Paul. » — « N'ayons rien en propre; que tout soit en commun; qu'il n'y ait jamais de *mien* ni de *tien*, que ce soit toujours *le nôtre*. » — « Ayons de la simplicité dans tout, dans nos manières, dans nos

---

[1] « Misericordias Domini in æternum cantabo ». (Ps. 88ᶜ.)

habits et dans notre maintien ; n'ayons rien de recherché. Quand nous serons dans le ciel, c'est là qu'un pauvre habit grossier deviendra tout brillant de gloire. » — « Ce n'est point avoir une vraie humilité que de dire du mal de soi, et de ne pas vouloir que les autres en disent. Toute humilité qui parle est suspecte... Ne souffrez point qu'on vous loue. Ne faites point de grandes actions dans le dessein d'avoir l'approbation des hommes... Souvenez-vous que les petites vertus font les grands saints. La violette se cache sous les feuilles, mais sa douce odeur la fait découvrir... Ayons de bas sentiments de nous-mêmes, et soyons convaincus que, quelque mal qu'on dise de nous, il en reste encore beaucoup à dire qu'on ne connaît pas. »

« Estimez-vous heureuses si le monde vous hait : c'est une preuve que vous ne lui appartenez pas, mais que vous appartenez à Dieu. »

Le courage chrétien conduit à la fidélité rigoureuse, quoi qu'il en coûte à la nature. — « Le royaume des cieux souffre violence : aussi, mes filles, n'y a-t-il que celles qui combattent courageusement qui y entreront. Malgré le bonheur que l'on goûte dans la vie religieuse, on peut dire que c'est un martyre continuel. Effectivement, c'est une continuité de petits sacrifices qui peuvent nous être aussi méritoires que le martyre de l'échafaud, attendu que les souffrances que les martyrs endurent ne sont que de quelques moments, et que les sacrifices de la vie religieuse sont de tous les instants ; ils sont devant DIEU d'un prix infini. — Ayons sous les yeux la sainte Famille, et voyons comment les moments de JÉSUS, de Marie et de Joseph, étaient partagés entre la prière et le travail. Ne perdons pas une minute. Que nos délassements même soient copiés sur ceux de ces divins modèles. »

Ces maximes de la Servante de DIEU sont restées, nous l'avons dit, celles de la congrégation qui s'honore d'avoir été fondée par Julie Postel. L'union fraternelle, l'amour du travail, la pratique de la pénitence, le zèle pour les âmes, le dévouement au règne de DIEU, l'oubli de soi-même, y fleurissent toujours, grâce à la divine miséricorde.

Chapitre septième.
Direction des Sœurs.

LES premières années de séjour à Saint-Sauveur se passèrent sans nouvelles professions. Ce fut comme un point d'arrêt dans le recrutement des filles de Julie. Le 1er mai 1835, il y eut dix prises d'habit, parmi lesquelles celle de la Sœur Placide, qui devait plus tard succéder à la fondatrice. Quant aux écoles dirigées par la congrégation, elles n'étaient alors que quatre : celles de Tourlaville, de Fréville et de Cerisy-la-Salle, auxquelles il faut ajouter Tamerville, que les Sœurs n'avaient point voulu abandonner entièrement.

Plusieurs paroisses auraient fait appel à l'Institut, à cette même époque, si un bruit étrange ne s'était alors répandu dans le pays. On disait, à la vue des travaux manuels et des travaux de réparation exécutés par les religieuses, et aussi en entendant citer leur silence, leurs austérités, qu'elles allaient renoncer à l'enseignement pour se transformer en trappistines. L'image d'une vie pénitente comme celle de la trappe arrêtait également les vocations. On peut être appelé à se consacrer à DIEU, dans la retraite ou dans l'action, sans pour cela ressentir l'attrait d'une vie comme celle des disciples de l'abbé de Rancé. Comme nombre de sujets, la Miséricorde souffrit de ces fausses appréciations ; mais il est permis de dire qu'elle gagna comme valeur dans les admissions de postulantes, de novices et de professes : il ne s'en présenta que d'admirablement poussées par l'esprit de foi, de détachement et de zèle. Car à ces rumeurs on ajoutait que la santé des Sœurs, par suite du régime et de privations exagérées, était uniformément mauvaise, qu'elles mouraient vite, et que la prudence interdisait aux jeunes personnes d'entrer dans une pareille congrégation. L'ennemi des âmes et des bonnes œuvres se sert de tout pour les empêcher ou pour leur nuire. Il était, au contraire, acquis que jamais les Sœurs ne s'étaient généralement mieux portées ; et quant aux décès, c'étaient autant de fables : pendant dix années de séjour à Saint-Sauveur, il n'y en eut pas un seul à déplorer.

On vient de voir, au chapitre précédent, les principes de la vie spirituelle et religieuse qui animaient la Mère Marie-Madeleine. Elle les appliquait dans l'admission et la direction de ses filles.

La pauvreté stricte présidait à tout. Qu'on se présentât avec ou sans fortune, qu'on eût ou non du mérite, du savoir et du talent, la supérieure n'en tenait que médiocre compte : ce qu'elle demandait, c'était la pureté des intentions, un vrai désir de servir Dieu, de tendre à la perfection, de se sacrifier à l'esprit de dévouement de la communauté et au bien des enfants dans les écoles. Ce n'était point, disait-elle, une entreprise humaine qu'elle avait fondée, mais une œuvre chrétienne ; elle voulait des amis de cette œuvre, parce que cette œuvre était sainte. Elle voulait, par conséquent, discerner s'il y avait un goût naturel, une séduction de l'imagination, ainsi qu'il arrive parfois, ou bien si la Providence avait fait entendre son appel intérieur. — « Souvenez-vous qu'ici, répétait-elle aux postulantes, vous êtes venues chercher le travail, l'oraison, l'humilité, la mort au monde et à vous-mêmes : si vous envisagez autrement les choses, vous vous trompez d'adresse, nous ne voulons pas de vous. A nous les cœurs larges, généreux, détachés ! » Mais, quand elle avait émis le principe, sa direction quotidienne était pleine de douceur, de tendresse. Elle attirait plus qu'elle ne commandait, précisément parce qu'elle était elle-même humble, mortifiée, morte à tout ce qui n'était pas Dieu. Ainsi l'austérité de son enseignement n'éloigna point les vocations réelles et solides, qu'elle avait d'ailleurs le don de discerner promptement.

Une fois admises, les Sœurs apprenaient à

se dégager plus parfaitement encore des intérêts terrestres, car Julie n'en avait aucun, même pour sa maison. Il arriva que des religieuses eurent à recueillir des successions qui pouvaient devenir fort utiles à l'institut, gêné pour le temporel comme il était : en les envoyant régler ces affaires, la Supérieure les exhortait à ne se point montrer avides, à faire toutes les concessions, et surtout à éviter le moindre procès. Elles devaient, disait-elle, cet exemple à leur famille et à toute la paroisse ; se comporter autrement causerait du scandale, et il fallait fuir le scandale au prix de tous les sacrifices.

Si elle voulait la piété, l'observance exacte des règles, le bon esprit en tout, le zèle pour l'avancement spirituel, la Mère Marie-Madeleine, d'autre part, éloignait les scrupuleuses incorrigibles. Le scrupule, en effet, qui au fond procède d'une crainte de DIEU, n'en est pas moins la contrefaçon de la vertu. Quand on a sincèrement exposé son intérieur au directeur de la conscience choisi à bon escient, ne pas s'en rapporter à ses décisions, trembler à tout propos quand il a recommandé la confiance et la paix, ne voir en DIEU que le juge toujours irrité au lieu du père aimable et aimant, c'est se trop estimer soi-même, s'établir docteur et juge, manquer aux deux vertus théologales d'espérance et de charité, et par suite déplaire à DIEU sous prétexte de le servir plus fidèlement. Le scrupule naît aussi d'une faiblesse de l'intelligence, ou d'une débilité du vouloir. De quelque source qu'il procédât, la vénérée Supérieure essayait d'abord de le corriger, car cette maladie n'est point incurable, et peut n'être qu'une épreuve permise de Dieu, comme il arriva pour Ste Lutgarde, S. Ignace de Loyola, et d'autres saints encore. Elle représentait donc à ces pauvres enfants la nécessité de prier humblement pour être éclairées, la méditation de l'incomparable bonté de Dieu, de Dieu qui est père et non tyran. Elle ajoutait que le plus légitime des scrupules doit être de ne pas se soumettre, ainsi que nous en avertit S. François de Sales : « Le meilleur, » c'est de marcher à l'aveugle, sous la conduite » de la divine Providence, parmi les ténèbres et » les perplexités de cette vie. Il faut se con- » tenter de savoir de son père spirituel qu'on » marche bien, sans chercher à le voir. On ne » s'est jamais perdu en obéissant. »

Si de tels avis n'avaient point d'efficacité sur un esprit trop malade, la Mère faisait venir une dernière fois le sujet, et lui disait : « Ma fille, il faut nous séparer. Je ne vous crois point appelée à vivre avec nous : vous y seriez non seulement inutile mais malheureuse, et vous feriez, sans profit, souffrir toutes vos compagnes. Nous avons besoin d'âmes plus dociles. »

Aux sœurs des écoles elle recommandait la

déférence la plus humble à l'égard du clergé. Elles devaient, pour leurs fonctions, agir toujours d'accord avec les curés des paroisses, mais sans fréquenter les presbytères, où elles ne pouvaient manger qu'une fois par an, le jour de la Première-Communion, et encore si les petites filles y mangeaient elles-mêmes. Les stations au confessionnal devaient être courtes, soit pour empêcher les propos des malveillants, soit afin de laisser la place aux paroissiens, ordinairement peu maîtres de leur temps.

Elle recommandait de ne point s'occuper des nouvelles, de ne se mêler en rien aux dissensions qui peuvent troubler un pays, de ne se laisser induire en aucune coterie, tout en maintenant leur situation du côté de ce qui est honorable et juste. Une institutrice, surtout si elle est religieuse, a mille précautions à prendre quand elle veut faire le bien. On sait quelles mesquines passions, quelles rivalités misérables, règnent bien souvent dans les communes rurales. La sœur des Ecoles Chrétiennes n'y entrera point ; son rôle est celui de la paix, de la bienveillance, d'une charité invincible en tout et pour tous. Elle est appelée, dans ces conditions, à devenir grandement utile au bien général, par l'action qu'elle exerce légitimement sur les enfants, et par les enfants sur les parents.

Julie voulait, enfin, que ses filles fussent le

vivant exemplaire de l'exactitude au devoir professionnel comme aux préceptes de l'Église, aux offices de la paroisse, à toutes les pratiques d'une piété agissante. Elle n'aimait ni les esprits faciles à s'estimer eux-mêmes au détriment des autres, ni les natures nonchalantes et paresseuses, ni les caractères sournois ou prétentieux. Les esprits railleurs ou faux ne lui déplaisaient pas moins. Elle revenait sans cesse à la nécessité de la droiture et simplicité du cœur. Et elle avait tout droit de juger et de parler ainsi : personne ne fut plus droit, plus simple, plus ouvert, dans ses pensées, ses démarches, ses rapports avec le prochain.

Il y avait maintenant à mettre la dernière main aux règlements et constitutions de la Miséricorde. Mgr Dancel, mort en 1836 évêque de Bayeux, n'avait pas été sans doute étranger à la première rédaction. Julie Postel désirait ardemment trouver un nouveau supérieur, dévoué comme lui à son œuvre : elle demanda et obtint M. l'abbé Delamare, vicaire général de Coutances, qui, sans la connaître à proprement parler, ne lui était pas tout-à-fait étranger, par suite de relations indirectes, et parce qu'il avait vécu dans l'intimité de Mgr Dancel, alors que celui-ci exerçait les fonctions de grand-vicaire dans le diocèse. L'abbé Delamare est l'auteur de la première Vie de la Sœur Marie-

Madeleine, et nous l'avons maintes fois cité. Il n'est pas sans intérêt de l'entendre nous raconter lui-même ce détail de son ministère. Il parle à la troisième personne.

« M. l'abbé Delamare, dit-il, avait eu l'avantage de vivre, à Valognes, dans l'intimité de Mgr Dancel ; il était proche parent de l'ancien curé de Barfleur. L'un et l'autre l'avaient maintes fois entretenu des sublimes vertus de Julie Postel, et lui avaient communiqué leur vénération profonde pour cette étonnante supérieure. S'il n'avait pas obéi au désir cent fois renaissant de faire sa connaissance plus particulière, il ne faut l'attribuer qu'à la discrétion que lui imposait l'amour si vif et si pur de cette admirable religieuse pour la vie cachée et intérieure. Autant elle était affable envers les personnes qui avaient un motif réel de converser avec elle, autant elle était silencieuse quand la visite qui lui était faite lui apparaissait comme inutile. Un jour, un ancien frère des Ecoles Chrétiennes était venu lui offrir ses hommages, sans doute pour s'édifier. Elle, habituellement si polie et si gracieuse, ne lui répondit que par monosyllabes ; elle ne lui offrit même pas de s'asseoir. Il se retira tout interdit. La chère sœur Économe se permit d'en faire quelques reproches pleins de respect à sa Mère. — « S'il est saint, répondit-elle, il n'a pas affaire de moi ; et s'il ne l'est pas, je n'ai pas affaire de lui. »

M. l'abbé Delamare, nommé supérieur par l'Évêque, vient en première visite à Saint-Sauveur. — « Il est impossible, écrit-il, de rendre la simplicité et la dignité vraiment célestes de la vénérée Supérieure. Ce n'était pas l'homme qu'elle recevait, mais le représentant de l'Église. Elle se mit à genoux pour recevoir la bénédiction de l'envoyé de DIEU. Elle faisait renouveler cette bénédiction chaque fois qu'elle en trouvait l'occasion. Si, extérieurement, elle portait quelques traces de ses 82 ans, l'esprit était aussi vif, aussi pénétrant, que dans la plus grande vigueur de la jeunesse. — Rien de plus facile que de s'entendre avec elle, pourvu que le langage fût exclusivement celui de la croix. Jamais ombre de susceptibilité ; jamais d'autre préoccupation que celle de DIEU et de son œuvre. Point de paroles inutiles : la foi et la charité avaient éteint toutes les divagations et les inutilités de l'imagination, de laquelle le tableau si vivant du ciel avait comme effacé toute image de ce monde fugitif. »

L'examen de la situation, pour le nouveau supérieur, ne fut ni malaisé ni long. Au temporel, les dettes étaient insignifiantes en regard de l'actif. On verra plus tard s'il convient de solliciter la reconnaissance de la Congrégation par l'État. Les sœurs et les novices, réunies au nombre de vingt-cinq (c'était en 1837), paraissent être dans les meilleures dispositions, et sont fidèles à leurs règles.

Prenant alors le cahier qu'elle avait écrit : « Voici, dit Julie à M. l'abbé Delamare, ce que j'ai tracé il y a longtemps. C'est fort incomplet. Mais, ajouta-t-elle avec un doux et ferme accent d'inspiration, il m'a été dit que je devais en demeurer là, et que je recevrais une règle, approuvée par l'Église, d'un supérieur ecclésiastique qui doit nous donner également le voile religieux. Aussi, après avoir taillé des voiles dans le temps où j'ai écrit la règle, je les ai mis de côté sans en faire usage, attendant avec patience le moment marqué par la Providence. Ce moment est arrivé. Je savais bien que vous deviez venir. »

On s'occupa donc de terminer cette question capitale des institutions et des règles, où il n'y avait qu'à modifier quelques détails. Le Supérieur appuya sur l'utilité de se rapprocher de plus en plus de l'ordre établi avec tant de succès chez les Frères des Ecoles Chrétiennes. C'était ce qu'avait toujours voulu Julie. On prit cet ordre plus complètement, autant qu'il était possible ; on s'y conforma comme pour une sorte de noviciat nouveau, avec ces conditions, que l'instruction donnée par les Sœurs serait gratuite pour les pauvres, que la Congrégation continuerait d'être hospitalière ; qu'on prendrait toutes les précautions pour que l'esprit primitif ne vînt point à dégénérer ou à s'altérer. Toutes les sœurs, novices et postulantes, acceptèrent de grand cœur cette sorte de réforme, qui d'ailleurs n'ajoutait point à leurs austérités précédentes, qui plutôt les adoucissait.

La Mère Marie-Madeleine se réserva, avec autorisation, certains privilèges, dont l'énumération fait voir que cette fervente octogénaire ne demandait nullement à ne plus souffrir, à ne plus travailler.

Ayant exercé jusqu'à présent, à Barfleur, à Cherbourg, à Tamerville, à Saint-Sauveur, la fonction de sacristine, qui la rapprochait du Saint-Sacrement, elle supplia qu'on ne la privât point à l'avenir de cette grande consolation. Une de ses pratiques chéries était de tenir l'un des coins de la nappe pendant la communion de ses sœurs.

En second lieu, elle demanda qu'on lui conservât, à la chapelle, son humble place derrière un pilier, non loin du sanctuaire. Elle y pouvait, disait-elle, se mieux recueillir, prier avec plus d'amour, assister plus pieusement au divin sacrifice, dont elle ne se lassait pas. C'est ainsi que, infirme et malade, on la vit un jour entendre cinq messes de suite, à genoux et sans se relever une fois. Elle ne pouvait comprendre qu'on éprouvât de la fatigue auprès de la sainte Eucharistie ; c'était, au contraire, son plus précieux délassement, c'était sa force, de passer des heures auprès du tabernacle. Comme une sainte carmélite dont on a écrit la vie, elle eût désirée être anéantie par amour devant son DIEU, et, comme elle, voir après sa mort son corps se réduire en huile pour entretenir la lampe du Saint-Sacrement. [1]

Julie demandait, après cela, que, vu son âge, on ne fît point venir le médecin quand elle serait malade. Elle avait ouï dire que, passé quatre-vingts ans, on n'a rien à attendre de la science.

De plus, habituée à se mortifier incessamment, elle désirait n'être point astreinte aux adoucissements apportés à la règle. Elle arguait de son état de parfaite santé et de verte vieillesse comme preuve que son premier régime n'était pas si mauvais. Entre autres choses, elle sollicita la permission de continuer de réciter le grand office ou bréviaire du prêtre, qu'elle n'avait cessé de dire dès sa jeunesse. Et puis, si l'on concède un matelas à ses filles, pourquoi ne lui laisserait-on pas, à elle, sa simple paillasse avec son unique drap de laine, sans parler

---

[1]. Ce trait admirable est rapporté dans la *Vie de la Mère Marie-Marguerite des Anges*, religieuse carmélite et fondatrice du couvent d'Oirschot, dans le Brabant hollandais ; ouvrage publié en 1870 (Douniol, à Paris) par le R. P. Bouix, de la Compagnie de JÉSUS ; p. 367.

du cilice et de la haire ? Elle passera une partie des nuits, tous ses moments disponibles du jour, en adoration à la chapelle. Elle jeûnera autant de fois et de la même façon austère qu'elle a fait depuis son enfance. En un mot, le gros lot de la pénitence et de l'immolation complète, elle le réclame pour elle. Victime volontaire jusqu'à cette heure, elle expiera jusqu'à la fin, pour elle, pour ses sœurs, pour ses élèves, pour les pécheurs, pour l'Église.

A ce moment, bien que le gouvernement, celui de Louis-Philippe, fût d'origine révolutionnaire et entre les mains des révolutionnaires, il ne songeait point à persécuter les ordres religieux de femmes. La loi de 1825 les engageait à se faire reconnaître par l'État, s'ils voulaient être considérés comme personne morale et posséder collectivement. Cette reconnaissance légale était donc un avantage, surtout pour un ordre voué à l'enseignement, et on négocia à Paris afin de l'obtenir. Le lecteur sait l'abus monstrueux qu'a fait, en 1880, le gouvernement des francs-maçons républicains, présidé par l'avocat Grévy, des dispositions de cette loi. D'une part, on a menacé de suppression violente toute famille religieuse non reconnue ; de l'autre, on formulait d'avance des exceptions, et on laissait prévoir que les ordres reconnus, considérés comme possesseurs de main-morte, seraient inquiétés dans leurs biens. La reconnaissance, dès lors, n'a plus été une protection, mais un piège. Au point de vue du bon sens, comment admettre que les règles de la perfection religieuse, ce qu'il y a de plus délicat dans la vie spirituelle, soient soumises à l'examen d'une troupe d'hommes sans religion, membres des sociétés secrètes anathématisées par l'Église, ignorants au suprême degré de tout ce qui regarde la foi chrétienne, athées pour la plupart ou se vantant de l'être, et ne dissimulant point leur haine de sectaires mécréants contre le catholicisme, son enseignement, ses ministres, ses institutions ? Une seule communauté, d'un diocèse du Nord, ayant, à la fin de 1880, introduit une demande pour être reconnue, les gens de l'administration républicaine répondirent brutalement que, examen fait des constitutions, ils ne pouvaient approuver des vœux *contre nature*, et se refusaient à donner l'autorisation ! Telle était leur bonne foi, telles leurs dispositions, telles leurs lumières... [1] Mais, à l'époque dont nous parlons, il n'en était point de la sorte ; il y avait encore quelque sérieux dans les hommes

---

1. Le fait s'est passé à Amiens, dans les derniers mois de 1880. Les Clarisses de cette ville s'étaient décidées à solliciter l'autorisation dite *légale*. Or, le conseil municipal d'Amiens, consulté par l'autorité supérieure, donna un avis défavorable, motivé sur ce que « les vœux de célibat, de pauvreté et de

et dans les choses. L'administration ne demandait nullement le détail des vœux ni des exercices de piété ; elle se limitait à examiner les points fondamentaux de la règle et le but de la congrégation. L'autorisation fut accordée sans grandes difficultés, dans les mêmes conditions qu'elle venait de l'être aux Sœurs de la Miséricorde de Rouen, congrégation semblable, en bien des points, à celle de Julie Postel. Cette autorisation, cependant, datée du 13 octobre 1838, soit qu'elle fût mal libellée, soit que les analogies eussent été forcées, causa dans la suite plus d'un embarras aux Sœurs de Saint-Sauveur.[1]

En même temps qu'au règlement, une vive impulsion avait été donnée aux études des maîtresses, afin qu'elles fussent amplement à la hauteur de leur tâche. On leur fit subir des examens. Julie avait elle-même un mérite fort remarquable comme institutrice ; son esprit naturel et soixante années d'enseignement lui

---

» claustration sont contraires à la dignité humaine et à la » nature » ! Il n'y a que les effroyables serments et vœux de la franc-maçonnerie qui paraissent admissibles à ces hallucinés. Oh ! qu'il est vrai le mot de S. Paul parlant de l'homme animalisé : *Animalis homo non percipit ea quæ sunt spiritûs* DEI : *stultitia enim est illi* (I Cor. II, 14).

1. Un des sujets principaux de ces ennuis fut l'omission du titre de supérieure-générale, omission due à la modestie de la Mère Marie-Madeleine.

avaient donné sur ces matières des connaissances variées et solides, unies à une rare expérience.

Ces travaux, achevés, on commença une retraite solennelle, qui se termina le 21 septembre 1838. Le costume reçut sa forme définitive ; les règlements furent de nouveau promulgués ; puis, sœurs et novices prononcèrent une seconde fois leurs vœux perpétuels pour la profession. La Mère était dans une extase de bonheur, et répétait : « Voilà ce que Dieu voulait de nous ! » Il y eut ce jour-là vingt-cinq professions.

LIVRE QUATRIÈME.
DERNIERS TRAVAUX DE LA TRÈS-HONORÉE MÈRE.

Chapitre premier.
L'intérieur de Saint-Sauveur.

E plus cher des désirs de notre pieuse fondatrice était réalisé, le but qu'elle avait toute sa vie poursuivi était atteint : les enfants et les pauvres avaient, pour se dévouer à eux, une congrégation nouvelle, régulièrement et solidement constituée. Marie-Madeleine était âgée de plus de quatre-vingts ans lorsqu'elle eut la consolation de voir le résultat de tant d'efforts, de sacrifices et de souffrances. Son cœur se répandait en hymnes d'actions de grâces. Et cependant, avant de quitter ce monde, elle devait passer par d'autres épreuves encore, et les supporter avec la même foi, le même courage. Tout se développait pour elle ainsi que le lui avait prédit la jeune mourante de Barfleur.

Dans sa reconnaissance, elle résolut d'entreprendre la restauration, aussi complète que possible, de l'ancienne église abbatiale, dont la pauvre chapelle actuelle n'occupait qu'une bien faible partie. Les ressources manquaient pour une telle œuvre ; mais, d'autre part, comment laisser la divine Hostie dans un sanctuaire provisoire et sans grandeur ? comment ne pas tenter ce qu'avaient autrefois entrepris, en ce lieu même, dans des circonstances semblables, des religieux pour le moins aussi dénués que les Sœurs de la Miséricorde ? Le Bon DIEU protégerait ses humbles servantes en un dessein tout de piété. Que cherchaient-elles, en effet, sinon et uniquement sa gloire ? Comme David, au psaume 25e, elles pouvaient lui dire : *Seigneur, vous le savez, c'est le lustre de votre tabernacle que je chéris ; le lieu où habite votre majesté divine m'est cher.* Quand pourrait être achevée cette restauration coûteuse, qui exigeait non seulement beaucoup d'argent, mais des hommes de goût et de dévouement pour la direction et les plans ? — « Peu importe, disait Julie : on y mettra le temps, on agira tout en patientant ; et, le Ciel aidant, on arrivera plus tôt qu'on ne se l'imagine. Quelque chose me dit que nous serons efficacement assistées. »

Dans le moment où la Mère Madeleine concevait un dessein dont le devis ne monterait pas, sur première vue, à moins de deux cent ou deux cent cinquante mille francs, la Communauté n'avait pas purgé toutes ses dettes ; les sœurs de l'institut, au nombre de quatre, n'apporteraient qu'un médiocre concours ; le noviciat se peuplait, et avec lui grandissaient les dépenses. La résolution fut néanmoins arrêtée par les vingt-cinq religieuses unies à leur mère. *Qui confidunt in Domino sicut mons Sion*, dit encore le Prophète : « la confiance dans le Seigneur fait de l'homme une montagne inébranlable comme celle de Sion ». Il est vrai que l'on s'aperçut alors d'un obstacle imprévu : les vieilles murailles de l'église avaient été vendues à part, lors des confiscations révolutionnaires, et la Miséricorde n'avait point songé à en stipuler dans le contrat l'acquisition spéciale.

Il fallut de nouvelles négociations, qui heureusement aboutirent, moyennant quelques sacrifices d'argent.

On s'engagea donc à la besogne, toutes et tous, c'est-à-dire sœurs, chapelain, ouvriers, pendant qu'un appel était fait par la Supérieure à la religion des fidèles.

Et voici des obstacles d'un autre genre. Mère Marie-Madeleine avait posé avec jubilation la première pierre ; les ouvriers étaient convoqués; pendant leurs repas, les sœurs s'attelaient aux fardeaux, au mortier, au déblaiement, et les remplaçaient à l'envi, ce qui doublait presque la main-d'œuvre ; lorsque les termes de la reconnaissance par l'État, mal rédigés, donnent lieu à une action du gouvernement, qui réclame trois mille francs de droits de mutation. Trois mille francs ! la pauvre économe en perd quasi la tête. Elle n'a peut-être pas cent francs, et c'est le lendemain, sans autre discussion, que le paiement devra s'effectuer. La bonne fille commence par pleurer, c'est dans la tradition des femmes ; puis elle court pleurer, de plus belle et plus fort, chez sa supérieure. Le cas était grave, le besoin urgent, le péril inconjurable. En supposant qu'on eût ouverture à se procurer la somme, ce qui n'était pas, c'en était fait de la continuation des travaux, qu'on ne pourrait de longtemps reprendre. La digne sœur se lamentait de son mieux, et en toute raison.

Julie l'écoutait tranquillement, lui rappelant les miracles passés de la Providence. — « Confiance, ma fille, confiance ! Le Bon DIEU nous a-t-il jamais délaissées, parmi nos nécessités ? pourquoi le ferait-il maintenant que nous lui rendons un temple où il fut si longtemps prié et honoré ? — Parfaitement, ma Mère, et c'est dit ! En attendant, il me faut avant vingt-quatre heures trois mille francs, et il s'en va grand temps que nous sachions où les prendre ! — Ma fille, je le répète, le où et le comment m'échappent : je ne sais qu'une chose et je m'y tiens ; c'est que nous travaillons pour DIEU, et que DIEU veille pour nous. — Mais les trois mille francs ! mais le gouvernement, mais demain ! Hélas ! que devenir ? — Confiance, ma fille ! confiance ! »

Un troisième personnage avait surgi dans la chambre à la fin du dialogue, et écoutait avec une attention extrême. C'était le supérieur, l'abbé Delamare, arrivé à Saint-Sauveur depuis peu d'instants. — « Malgré toutes vos charges, ma Mère, dit-il, je vous en apporte une de plus : c'est une orpheline à recevoir et à bien soigner. — Qu'elle vienne ! qu'elle vienne ! répond la vieille Mère : nous l'aimerons comme les autres. — Seulement, il y a une petite condition : la personne qui m'a confié l'enfant donne en même temps à la Miséricorde une somme de *trois mille francs*, que la communauté gardera quand bien même la petite fille viendrait à mourir, ou sortirait de la maison. »

La brave économe, qui avait dressé l'oreille au seul mot de trois mille francs, ne contenait plus ses transports d'admiration pour les bontés du Seigneur. — « Vous le voyez, ma fille, reprit doucement et plus sans d'émotion la Supérieure : nous avons au ciel un père qui pense à ceux qui l'aiment. Faisons toujours sa sainte volonté, cherchons ses intérêts et sa gloire, et il s'occupera de nos besoins. »

Ce trait n'est-il pas un des plus gracieux que l'on puisse lire dans une vie de saint ? La charité du protecteur de l'orpheline fut aussi récompensée : car, étant tombé malade peu de temps après, il reçut la grâce d'une sincère conversion, fit appeler l'abbé Delamare, et ne parut devant son juge éternel que muni de ces divins sacrements qui l'apaisent.

L'alerte passée, on continua les travaux, en ayant soin de dégager et d'employer religieusement tout ce qu'il était possible de retirer de l'ancienne église abbatiale, qui si longtemps avait retenti des louanges de Dieu, des accents de la parole évangélique. Les habitants de Saint-Sauveur saluèrent de leurs acclamations la réapparition de la croix au sommet de l'antique clocher, majestueusement porté sur ses quatre arceaux de style ogival.

Les secours, du reste, étaient rares et peu riches. Ce n'est point dans les campagnes, dans les petites villes, qu'elles abondent. Mais enfin, s'appuyant sur la protection de Dieu dont les effets s'étaient tant de fois manifestés, on allait toujours, et la restauration désirée avançait peu à peu. Les ordres religieux ont cet avantage que les entreprises s'y lèguent comme le règlement, comme les pratiques, comme l'esprit particulier de l'institut. La Mère Marie-Madeleine ne vit pas tout achevé, mais en quittant la terre elle emporta la certitude que cela se ferait : cette assurance lui suffisait.

Afin d'augmenter le maigre trésor consacré

aux travaux, quelqu'un eut la pensée de solliciter pour Julie, auprès de l'Académie Française, l'un des prix annuels de vertu fondés par le baron de Monthyon en 1782 et renouvelés en 1816. Qui le méritait mieux que cette femme courageuse, vouée à toutes les œuvres de la charité depuis son enfance, n'ayant vécu que pour les abandonnés des campagnes et pour les pauvres, et leur ayant préparé après elle une famille inépuisable de mères ? Ces considérations n'eurent pas tout succès auprès des juges académiciens. On était au temps de Louis-Philippe, où le gouvernement n'inclinait guère vers la religion ; dans la Mère Madeleine il y avait une héroïne sans doute, mais aussi une religieuse, une fondatrice de couvent ! On se borna donc à des éloges.

Le comte Molé, rapporteur, introduisit dans son discours les lignes suivantes, le 30 juin 1842 : — « L'Académie a voulu qu'une mention
» très honorable fût faite, dans le rapport de
» son directeur, des actes de charité chrétienne
» dont se compose la vie entière de Mme Postel,
» supérieure de la Miséricorde établie à Saint-
» Sauveur-le-Vicomte, arrondissement de
» Valognes ».

L'humble Mère ne s'était prêtée qu'à contre-cœur à cette démarche ; elle la vit échouer sans le moindre regret, persuadée que DIEU ne manquerait pas, et que tout ce qu'il ordonne est pour le mieux.

Chapitre second.
Succès et développements de l'Œuvre.

TRENTE-ET-UN ans s'étaient écoulés depuis les premiers vœux à Cherbourg, sans que la congrégation de la Miséricorde eût pu réunir plus de vingt-cinq sœurs à la fois. L'heure était venue où s'accomplirait la seconde partie de la prédiction consolante que nous rappelions quelques lignes plus haut : c'est-à-dire que les compagnes de Julie seraient un jour plus nombreuses que les membres d'aucune autre congrégation du diocèse de Coutances.

Peu d'années avant ce que nous venons de dire, il y eut, à Saint-Sauveur, en 1830, *sept* prises d'habit, *quinze* l'année suivante, *dix-sept* en 1841, *dix-sept* encore en 1842. C'était de quoi dilater l'institut, et répondre aux demandes de maîtresses qui devenaient plus fréquentes, en même temps qu'on se voyait en état de remplacer les anciennes, ou fatiguées par l'âge, ou même inférieures aux nouveaux programmes, auxquels il convenait de se conformer dans une légitime mesure.

La vénérée Supérieure veillait cependant à

ce que, sous couleur de perfectionnement des études, la vanité et les prétentions ne prissent jamais dans l'âme de ses religieuses une place que devaient remplir l'humilité chrétienne et le dévouement surnaturel. Sans doute elle estimait le talent, qui est un don de DIEU, mais elle n'entendait point qu'il entrât en comparaison avec la vertu. La vertu était l'objet direct, essentiel, de sa fondation, et Julie savait qu'elle ne contribue pas médiocrement même à l'élévation et au mérite intellectuel. *La piété est utile à toute chose*, dit S. Paul : en transfigurant l'homme, elle l'illumine et le fortifie dans chacune de ses puissances. Il importe donc extrêmement, en toute congrégation vouée à l'enseignement ou à l'étude, que les esprits ne s'égarent point à la poursuite de la valeur pédagogique et littéraire, au sens humain de ces mots. Cette valeur est assurément désirable, louable et précieuse en elle-même mais à titre secondaire.

Grâces à DIEU, les Sœurs de la Miséricorde ne se sont pas écartées de ces principes, et c'est pour cela, il est permis de le croire, qu'elles ont heureusement prospéré, et qu'elles ont répandu autour d'elles un bien si grand. Elles gardent comme une règle, comme un des legs du testament maternel, ce mot de la Mère Marie-Madeleine à des personnes bien intentionnées qui l'exhortaient à suivre le torrent

du jour : « Parmi nous, dans cette petite mais
» pieuse congrégation des Écoles Chrétiennes,
» la vocation et les qualités du cœur avant tout,
» les talents et le haut savoir au second rang.
» Nous voulons de vraies religieuses. Nous ne
» ferons d'écoles qu'autant que DIEU le voudra
» de nous. Il saura envoyer en temps opportun la
» science nécessaire ; et il vaut mieux attendre
» cela de sa bonté que de mettre précipitam-
» ment la vie religieuse à la remorque du savoir,
» au risque de l'étouffer sous le poids d'études
» intempérantes. C'est pourquoi, en me résu-
» mant, l'esprit de la primitive Église en pre-
» mière ligne, et la science quand il plaira au
» Seigneur de nous adresser des filles qui nous
» l'apporteront comme accessoire de l'abnéga-
» tion et du dévouement. »

Ces résolutions n'accusaient certes pas l'intention, comme les esprits faux pourraient le conclure, maintenant surtout qu'il est de mode d'attaquer l'enseignement donné par les congréganistes, d'ajourner le progrès, et de contenir la nouvelle famille enseignante dans la routine ancienne, dans les imperfections reconnues. Notre admirable fondatrice était incapable d'idées aussi étroites.

Elle établissait un principe. En pratique, nul plus qu'elle n'aima les améliorations utiles. Convaincue que, dans les circonstances actuelles, à côté des écoles universitaires qui se transformaient, il y avait à faire quelque chose et à ne point rester en arrière, elle choisit une de ses novices les plus intelligentes à la fois et les plus vertueuses, et la confia à une communauté édifiante, instruite, habituée à des succès scolaires. Elle lui adjoignit même une de ses orphelines. Quel fut le résultat de cette tentative ? Peu encourageant, hélas ! La novice se laissa séduire par des idées de fondation à part, quitta l'institut, et créa dans une paroisse de la Manche une école personnelle. L'orpheline demeura plus fidèle : on la revit au bout d'une année, et les services qu'elle rendit à ses sœurs n'ont pas été oubliés.

Un second essai eut lieu avec un sujet distingué, que l'on confia de même à la communauté en question. Julie ne s'y prêtait qu'à moitié, par une sorte d'intuition de l'avenir ; mais elle céda aux prières de ses conseillères.

On eut à le regretter encore : la novice, sollicitée par ses maîtresses de quelques mois, se réunit à elles en abandonnant ses sœurs de la Miséricorde. La Mère, à cette nouvelle qui avait consterné la communauté de St-Sauveur, se contenta de dire. « Je m'en doutais ! Pour demeurer avec nous, il faut aimer la pauvreté. pratiquer l'abnégation, se tenir constamment humble, et ne considérer que comme une vile poussière tout avantage humain. »

Mais tout n'est pas terminé encore sur ce point. M. l'abbé Daniel, qui devait plus tard occuper le siège épiscopal de Coutances, et qui alors était recteur d'Académie, conseilla à la Mère Marie-Madeleine d'envoyer trois novices dans une communauté d'Argentan, au diocèse de Seès [1]. Là se trouvait une congrégation, nouvelle aussi, celle du *Cœur-Bleu*, qui se faisait remarquer pas de grands succès dans les examens des jeunes filles. Fondée, vers le commencement du siècle, par un prêtre rempli de zèle, curé de la paroisse d'Echauffour (Orne), l'institution s'était développée, et venait de fixer à Argentan sa maison principale, en même temps qu'un pensionnat bientôt florissant, qui depuis n'a point dégénéré. Par intérêt pour pour les Sœurs de Saint-Sauveur, l'abbé Daniel estimait qu'elles feraient bien de confier, un temps, ces quelques novices à des maîtresses de réputation et fort expérimentées.

La Miséricorde, qui du reste avait déjà dû appeler deux maîtresses séculières pour les leçons d'agrément, commençait à se tirer des embarras financiers, et pouvait plus aisément faire cette dépense. Julie donna son consente-

---

[1]. Mgr Daniel, né en 1794, fut nommé évêque de Coutances en 1852, et mourut dix ans après, en 1862. Il était du village de Contrières, près Montmartin-sur-Mer (Manche).

ment, à la condition que la Sœur Placide, l'une des colonnes de sa famille religieuse, accompagnerait les trois novices à Argentan, et les maintiendrait dans les exercices propres et dans l'esprit de leurs constitutions. Or, ce dernier essai fut encore une cause de chagrin: l'une des novices mourut, l'autre rentra dans sa famille, la troisième fut sur le point de succomber à la tentation de faire profession ailleurs. La mobilité est le cachet des jeunes filles : il ne faut pas l'exposer facilement.

Au fond, la vertueuse fondatrice, avec les lumières de sa foi vivante, avait jugé sainement et justement en tout ceci. Elle comptait sur la Providence, et, sans négliger ce que la prudence, qui est aussi une vertu, dictait en pareil cas, elle recourait avec plus d'espoir à la prière. Son attente ne fut pas trompée. A mesure que le besoin devenait plus certain, DIEU prenait par la main des jeunes personnes parfaitement élevées et très instruites, et les amenait à sa fidèle servante. Telle fut, après plusieurs autres, nous dit Mgr Delamare,[1] une demoiselle de Paris, juive de naissance, convertie depuis peu avec toute sa famille, et qui ne cessa depuis lors de donner l'exemple de la plus touchante ferveur. On offrait à cette excellente jeune fille, à peine adolescente, et à cause de son mérite,

---

1. *Vie de Julie Postel*, p. 141.

une position assez relevée et pécuniairement avantageuse : elle préféra se consacrer à Dieu dans la vie du cloître, et, s'étant rencontrée avec la Sœur Placide, elle se sentit inspirée de la suivre et de s'enfermer dans l'humble retraite de Saint-Sauveur. Cette heureuse acquisition remplit la Mère Marie-Madeleine de gratitude envers Notre-Seigneur.

A partir de cette nouvelle époque, l'institut de la Miséricorde a possédé en lui-même ce qui lui était nécessaire. Et, dans sa naïveté toujours spirituelle, Julie disait à ce propos : « Ce n'est pas dès le commencement qu'on a » vu apparaître les docteurs de l'Église, et S. » Pierre ne passe point pour avoir été le plus » instruit des Apôtres ».

Chapitre troisième.
Épreuves et bénédictions.

DIEU, dans ses desseins de purification progressive des âmes, multiplie les tribulations pour celles qui lui sont chères, et qu'il unit ainsi plus étroitement à la croix du Sauveur. Les saints ne cherchent point ici-bas leur repos, sachant qu'ils ne l'y trouveront jamais, et que la félicité future sera augmentée pour eux dans la proportion de ce qu'ils auront enduré sur la terre, principalement si c'est vraiment pour DIEU qu'ils le souffrent. La Mère Marie-Madeleine s'était établie dans l'état de victime volontaire : elle ne disait point « C'est assez », à cet âge d'extrême vieillesse, après tant de traverses, de tribulations, d'épreuves de toute sorte : et en effet ce n'était point assez pour sa couronne.

Les peines lui vinrent, cette fois, du côté où elle n'eût guère songé à les attendre. Depuis quinze ans elle s'était chargée de l'instruction des jeunes filles à Saint-Sauveur-le-Vicomte. Son pensionnat était prospère, aimé des enfants et de leurs parents ; les externes, appartenant à une classe d'habitants moins aisés, étaient, sans exception, admises gratuitement, et même à beaucoup d'entre elles on distribuait quelque nourriture et des vêtements. Le conseil municipal, poussé par on ne sait quel esprit, s'avise tout-à-coup d'appeler d'autres religieuses, et d'instituer avec elles un nouveau pensionnat, de nouvelles écoles. Celles de la Miséricorde continuèrent néanmoins d'être les plus fréquentées ; et alors vinrent de mesquines et journalières tracasseries. La bonne Mère a plus d'une fois avoué que ce crucifiement fut un des plus douloureux de sa vie, l'un de ceux où elle eut le plus à s'appuyer sur l'abnégation complète dont elle faisait profession. Si dans cette mesure elle eût aperçu un plus grand bien pour les enfants, pour la paroisse, oh ! de tout cœur elle s'y fût rangée ; mais il n'en sortait que le trouble dans les familles, tous les maux d'une rivalité peu chrétienne : c'est de cela qu'elle gémissait. Cet embarras dura peu. L'autorité ecclésiastique intervint ; une autre municipalité, plus équitable, n'approuva pas la récente création, et les Sœurs de la Miséricorde reçurent définitivement le titre et la charge d'institutrices communales.

Cette affaire terminée, une autre surgit. Pendant l'hiver de 1843, un orage immense se déchaîne sur le département ; plusieurs clochers sont renversés par la foudre, et voici que la belle tour restaurée par les Sœurs, avec tant de peines et de dépenses, tout-à-coup secouée par la tempête, s'écarte en deux parties, comme un livre qu'on ouvrirait ; les pierres, la maçonnerie malgré son énorme épaisseur, se brisent avec fracas ; une des moitiés, avec les deux piliers qui la soutiennent du côté du chœur, s'éboule également ; l'église est toute remplie de décombres. C'était dans la matinée : quelques secondes plus tôt, une sœur et un ouvrier étaient écrasés. On craignit pour le monastère tout entier, menacé par les pans de murailles non encore tombés, et dont la chute eût causé une ruine irréparable.

Dépeindre la consternation de la communauté est superflu. Le dernier malheur, grâces à Dieu, n'arriva pas. Quelques sœurs, plus effrayées, s'imaginèrent que le Ciel improuvait la reconstruction de l'église abbatiale ; elles en parlèrent en ce sens, ajoutant qu'une simple chapelle, assez grande pour contenir élèves et maîtresses, était tout ce qu'elles pouvaient désirer. Quant à Julie Postel, toujours intrépide sous la croix, elle se recueillit pour offrir à Dieu une entière soumission à ses décrets ; puis, élevant la voix, elle assura que cette épreuve ne devait décourager personne ; que les travaux seraient repris, que l'argent viendrait de la main de la Providence. Appelant la Sœur Placide, elle lui dit : « Il est dans les desseins de Dieu que nous persévérions en nos projets, formés pour sa gloire. Sachez que nous recevrons ce qui est nécessaire pour qu'ils soient conduits à bonne fin, car notre congrégation est destinée à prendre un grand développement. »

Ces paroles, dites du ton le plus assuré, frappèrent les auditeurs, qui y virent une inspiration, ou tout au moins une lumière d'en-haut.

La Mère continua : « Il nous faut tout présentement des ressources. Sœur Placide, vous allez partir pour Paris, où le Bon DIEU permettra que nous en trouvions. C'est aux Tuileries que vous vous rendrez d'abord : voici une lettre pour Marie-Amélie. Partez avec confiance. »

L'excellente religieuse, d'un naturel craintif et timide, n'hésita point cependant. Elle s'agenouilla pour recevoir la bénédiction de sa supérieure, et, forte de l'obéissance, elle se mit en route. Marie-Amélie, qui était d'une piété sincère, accueillit avec bonté la quêteuse. S'informant des origines de l'œuvre, de sa situation actuelle, du bien qu'elle avait réalisé et de celui qu'elle espérait faire encore, elle se montra émue tout à la fois de ce passé, des nécessités présentes, et aussi de l'émouvante simplicité avec laquelle la sœur Marie-Madeleine recourait à elle. Lorsqu'elle eut appris l'âge de la supérieure, elle admira la fermeté, la netteté de l'écriture d'une personne plus qu'octogénaire, et qu'on lui disait ne pas même se servir de lunettes pour écrire. Louis-Philippe, instruit par elle de ces détails, et bien qu'il se vantât d'être le dernier voltairien de son temps, en parut aussi touché; il conseilla à la quêteuse d'adresser une demande de secours au gouvernement, promettant de l'appuyer. Ce prince, que son ambition et les attentats révolutionnaires avaient porté sur un trône qui ne lui appartenait pas, au fond n'était point méchant. S'il eût exercé un pouvoir légitime, il n'est guère douteux qu'il se fût tourné du côté de la religion et de la vérité sociale. La Duchesse d'Orléans, bien que protestante, fit également son offrande.

Notre siècle, assurément, ne brille pas par la foi; elle ne pénètre que les âmes d'élite, en assez petit nombre; pendant que les masses s'éloignent d'elle par de détestables suggestions, que la prétendue science lui fait une guerre sans trêve, que les gouvernements ne la consultent plus, que les législations la mettent à l'écart; en sorte que les sociétés présentes, encore que le baptême y ait passé, si elles renferment des chrétiens, ne sont plus, à parler vrai chrétiennes. Un trésor, fils de la foi, nous reste néanmoins: la charité. Jamais il ne fut répandu plus d'aumônes, jamais plus de fondations bienfaisantes ne s'épanouirent en un même espace de temps, jamais plus de vocations religieuses ne se manifestèrent pour y répondre et les entretenir. La charité étant la reine des vertus, c'est

Liv. IV, Ch. III. — Épreuves.

par là que ce temps de petites gens, de pensées abaissées et de tristes choses, trouvera sans doute grâce devant le Maître qui aime à pardonner, et qui veut être appelé *le Bon* DIEU.

La congrégation de Saint-Sauveur ayant pris les règlements, l'esprit, le but et en partie le nom des Frères du Bienh. de la Salle, il convenait que la sœur Placide, étant à Paris, visitât leur supérieur-général. Julie en avait ainsi jugé, et sa mandataire était porteur d'une lettre dont voici le sens, sinon les termes exprès.

« Très-honoré Supérieur : lorsque la foudre a détruit le clocher de notre pauvre église, je lisais dans la Vie de M. de la Salle, votre digne fondateur, que, dans une grande détresse, celui-ci trouva un appui inattendu chez les Sœurs de la Croix ses voisines. Ce ne sera pas en vain, j'en ai la confiance, que dans mon malheur je m'adresserai à vous. Quoique vous ne connaissiez ni moi ni mes filles, nous sommes plus que vos voisines, nous sommes vos sœurs : nous suivons, nous aussi, toutes les constitutions de M. de la Salle. Si vous secondez ma chère sœur Placide, DIEU vous en bénira. »

Ce langage du cœur, cette simplicité digne et confiante, obtinrent ce qu'on désirait, et les excellents Frères firent de leur mieux pour venir en assistance à des sœurs vouées à la même œuvre qu'eux.

En plusieurs autres lieux, l'accueil ne fut pas tout-à-fait aussi cordial. Au résumé cependant, le voyage avait été sérieusement utile. Et c'est pourquoi la Mère Marie-Madeleine crut devoir en faire faire un second à sœur Placide. Celui-ci devait amener un résultat inespéré, mais dans un autre ordre d'intérêts.

Tout le monde à Saint-Sauveur, nous l'avons dit, s'était émerveillé de l'assurance avec laquelle, en plein désastre de sa maison, Julie Postel avait annoncé des jours prochains d'extension pour sa congrégation, si peu connue encore en dehors du diocèse de Coutances. La prédiction allait commencer de s'accomplir.

La divine Providence, par une circonstance fortuite, mit la sœur Placide en relation avec un ecclésiastique zélé de Paris, M. l'abbé Haumet, curé de l'importante et populeuse paroisse de Sainte-Marguerite, au faubourg Saint-Antoine. Après que le digne pasteur eut entendu le récit de la Sœur, il réfléchit un instant, et finit par lui dire : « J'ai besoin de religieuses pour ma paroisse ; je les cherche : il me les faut pieuses, simples, actives : c'est DIEU qui vous envoie. Voulez-vous venir à Paris ? Mais entendons-nous bien : il me faut, du premier coup, quatre ou cinq religieuses.

Liv. IV, Ch. III. — Épreuves.

Plus tard, il en faudra davantage. — Et pour quelle époque voudriez-vous les quatre ou cinq premières ? — Sans retard : aujourd'hui même, si vous les aviez. La maison est prête ; il y a une chapelle pour le quartier, trop éloigné de notre église paroissiale. Êtes-vous disposées ? je vous remets tout de suite la clef. »

Les choses, évidemment, ne pouvaient aller aussi vite. La Sœur consulte la supérieure des Filles de la Charité, qui d'abord avaient dû occuper l'établissement ; elle en reçoit des encouragements ; l'administration diocésaine, avertie, donne toutes les autorisations nécessaires. On prend jour, on visite les lieux ; la Mère Marie-Madeleine accepte les conditions : tout est conclu !

Qui eût prédit à Julie Postel, dans ses débuts à Barfleur, puis dans ses abandonnements multipliés, qu'un jour ses filles viendraient tenir école à Paris ? Il est vrai que la petite mourante, sans spécifier ce couronnement, avait parlé d'un développement remarquable.

Le quartier qu'il s'agissait d'habiter est pauvre, éloigné du centre, peuplé d'ouvriers, alors surtout habitués à traiter la religion comme une ennemie. Le travail de moralisation par les enfants y devait être bien difficile ; mais aussi quelle entreprise pour des cœurs d'apôtres comme eux de Julie et de ses chères compagnes ! — « Ah ! s'était écriée la vieille

Supérieure, combien je préfère ce séjour parmi les malheureux à tout autre qu'on nous eût offert dans les quartiers opulents! Nous aurons à travailler, nous aurons à souffrir, nous serons payées peut-être d'ingratitude : oui mes filles, voilà bien notre affaire, notre enviable partage! Bénissons Dieu de nous traiter comme des ouvriers généreux, qui ne regardent point en arrière! »

La nouvelle maison, placée sous le vocable de Notre-Dame *Consolatrice*, a rendu à ce quartier des services inappréciables depuis sa fondation. Elle est toujours allée en s'agrandissant, et même en donnant elle-même naissance à d'autres établissements. Au moment où nous écrivons, la congrégation de la Miséricorde des Écoles Chrétiennes ne possède pas moins de *sept maisons* dans la capitale. On s'y occupe non seulement de l'instruction des enfants du peuple, mais d'ateliers pour les jeunes personnes et de secours aux malades. L'une de ces maisons, rue de Picpus, est placée sous l'invocation du Sacré-Cœur; une autre, dans le voisinage, dessert une crèche admirablement tenue; rue Notre-Dame-des-Champs, c'est un pensionnat avec classes pour les externes; rue de Babylone, une infirmerie en faveur des jeunes convalescents.

Au faubourg Saint-Antoine, berceau de ce développement imprévu, les secousses popu-

Liv. IV, Ch. III. — Épreuves.

laires n'ont point atteint l'œuvre, comme il y avait à le craindre. La main de DIEU s'est étendue, pleine de bonté paternelle, sur ses humbles servantes, suivant la prédiction de Julie.

C'est donc à cette chute de la tour, cause de tant de trouble dans la communauté, qu'on est obligé de rattacher l'expansion merveilleuse de l'ordre, expansion qui est allée, d'après le relevé de 1880, à *quatre-vingt-trois maisons* disséminées en divers diocèses, et à un personnel d'environ *cinq cents religieuses*. Telles sont les voies de DIEU, où la sagesse humaine se perd. L'héroïque Marie-Madeleine n'avait point désespéré dans les moments les plus durs : cette foi, cette confiance, qu'on a le droit d'estimer surnaturelles, furent à la fin récompensées : le bien s'opérait sur une grande échelle ; c'est tout ce que souhaitait cette âme dévorée de zèle et de saint amour.

Du reste, l'un des principes fondamentaux donnés à ses filles par la fondatrice n'a cessé de régner parmi elles, en quelque lieu que les ait conduites la Providence : « Faire beaucoup de » bien, toujours du bien, en effaçant constam- » ment la personne, en vivant d'humilité, » d'obscurité, d'oubli absolu de soi-même ».

Les quêtes de sœur Placide eurent pécuniairement un résultat satisfaisant, soit à Paris, soit en Bretagne où elle se rendit ensuite, soit dans le diocèse de Coutances qu'elle parcourut. Seuls, il faut le dire, les catholiques savent demander, savent donner, savent créer. L'hérésie, l'impiété surtout, sont impuissantes à côté d'eux. Elles font des chiffres, additionnent des écus, c'est à peu près tout : la vie qui animerait cette action extérieure fait défaut. [1]

A Saint-Sauveur cependant, les travaux de réparation marchaient assez rapidement.

---

1. Qu'on nous permette de citer la lettre d'un ministre anglican à son beau-frère, publiée par les journaux de Paris (*Paris-Journal* entre autres) en janvier 1881. C'est de l'actualité sur ce sujet.

« Il y a longtemps déjà que j'ai reconnu combien le célibat des prêtres est utile à l'exercice du ministère. Bien que jouissant d'une indépendance convenable, j'ai souvent été amené à reconnaître que les soucis de famille m'apportaient des distractions trop nombreuses. Mais, aujourd'hui que mes enfants sont en âge de choisir une carrière, je n'ai plus ni le temps ni la liberté de me consacrer, comme je voudrais, comme je devrais, à ma paroisse. Il m'arrive quotidiennement d'en gémir, malgré les satisfactions de toute sorte que me donne mon foyer. Comment me désintéresserais-je de l'avenir des miens ? Il ne m'est même pas possible de faire la charité avec l'insouciance que j'y mettais lorsque mes fils et mes filles étaient petits.

» Il y a quelques mois, au retour d'un voyage que j'avais fait à Londres, ma femme me dit : — Je me suis convertie, pendant votre absence, à la religion catholique. Je suis allée trouver un prêtre éclairé et respectable, que vous connaissez. Je lui ai fait part de ma résolution, en lui apprenant dans quelle position je suis. Il m'a fait observer que j'aurais dû vous faire part d'une démarche aussi grave. Je lui ai répondu que j'avais eu

Marie-Madeleine, en dépit du lourd poids des années, se mit elle-même à la besogne, aidée par ses filles. On les voyait toutes remuer les pierres, préparer le ciment, tirer des décombres ce qui pouvait servir encore. La première pierre, — car on en était revenu là après l'accident, — fut une seconde fois posée par Julie, au mois de février 1844. Les habitants concoururent aussi, pour leur part, soit aux fournitures, soit aux journées de travail, que la Supérieure avait appelées les *journées d'honneur*, et

---

peur de faiblir devant le chagrin que cela aurait pu vous causer. Il m'a engagée à réfléchir avant de prononcer mon abjuration. Je lui ai répliqué que mon parti était irrévocablement pris. Bref, sur mes prières, sur mes larmes, il m'a reçue dans sa communion.

» Je fus, vous le pensez, un peu surpris de cet aveu. Mais, comme votre sœur est la plus digne et la plus sage personne du monde, je me bornai à lui dire : — Vous avez bien fait, puisque vous obéissiez à votre conscience ; et je n'aurais pas le moindre reproche à vous adresser si vous m'aviez averti d'un projet dont je me serais fait scrupule de vous détourner. Cela n'a-t-il pas été aussi l'avis de M. l'abbé X..., dont je vénère, comme vous, les vertus et les lumières ? — Ma femme me demanda un pardon que je lui accordai de tout mon cœur. Mais je veux vous faire encore confidence de ce qu'elle a ajouté et de ce qu'elle a fait. Vous verrez combien elle mérite et mon estime et ma reconnaissance.

» Je me suis confessée à ce prêtre, a poursuivi ma femme. Je lui ai demandé si je pouvais vous seconder dans vos œuvres, bien qu'elles fussent protestantes. Il m'a répondu que non seulement je le pouvais mais que je le devais : d'abord, parce que la religion catholique m'enseignait d'aider mon mari à supporter les charges de la vie ; ensuite, parce que ces œuvres, morales et charitables, étaient bonnes en elles-mêmes. Si vous

auxquelles se firent inscrire dès le premier jour cinquante-deux propriétaires ou fermiers. Ce beau zèle se soutint pendant des années, jusqu'à l'achèvement, avec de nobles sacrifices de temps et de dépense de la part de ces hommes obligeants : car ils allaient fort loin chercher les pierres, voulant conduire eux-mêmes leurs voitures, et subvenant à tous les frais de route pour eux et pour leurs chevaux. Et lorsque, réunis dans une des salles du cou-

---

êtes réellement convaincue de la vérité de nos doctrines, a-t-il ajouté, il vous faut redoubler d'affection et de dévouement, et offrir à votre mari un tel modèle qu'il soit amené à réfléchir sur les causes des améliorations qui se seront produites dans votre âme et dans votre conduite.

» Or, depuis cette époque, ma femme s'occupe, avec un zèle et une compétence que je ne lui aurais point supposés, de toutes mes œuvres : écoles, asiles, ouvroirs, hospices. Tout cela, que j'étais obligé de négliger pour les soucis de mon ménage, est aujourd'hui, grâce à elle, en pleine prospérité. D'où lui vient ce goût qu'elle n'avait jamais montré ? Je suis contraint de reconnaître qu'elle le doit à la confession. Son directeur spirituel, ce prêtre éclairé et respectable, en a fait pour moi un vicaire héroïque. Bref, mon ministère n'est devenu véritablement complet et fructueux que depuis qu'elle est catholique. Je suis à la fois bienheureux de sa collaboration, et honteux de n'avoir pas su moi-même la lui inspirer.

» Ah ! quelles merveilles peut produire la confession ! Vous savez que c'est là une de nos grandes querelles avec les catholiques. Quelle objection voulez-vous que je fasse maintenant ? Ma paroisse est redevable à cette institution, que rejette l'Église anglicane, de tout ce qui s'y fait de beau et de bon depuis six mois. J'avoue que c'est un puissant réconfort. Enfin, l'exemple que j'ai sous les yeux a mis sens dessus dessous toutes mes idées... »

vent, ces ouvriers volontaires se disposaient à prendre leur repas, plus d'une fois la Mère vint les surprendre et les remercier : et eux, qui la regardaient comme une sainte, étaient fiers de ses éloges; un mot de sa bouche leur paraissait une bénédiction pour leurs familles. Le temps n'était plus, en effet, où Julie était regardée avec indifférence, ou même avec défiance; la paroisse comprenait le prix du trésor que lui avait fait le Ciel, et bien loin aux environs s'était répandu le respect, la vénération la plus tendre, pour la Mère Marie-Madeleine.

Chapitre quatrième.
La Mère Madeleine près de sa fin.

NOUS touchons au moment où cette vie édifiante et précieuse va se terminer sur la terre. L'œuvre est accomplie, les mérites se sont accumulés, l'ombre du soir est arrivée sur une journée si pleine : il est temps que le Maître adorable appelle à la couronne sa glorieuse enfant. Il ne le fera pas, toutefois, sans montrer, à ceux qui la voient encore au milieu d'eux, combien elle a de pouvoir auprès de lui. Le premier historien en cite deux traits, que nous redirons après lui, et dont les acteurs vivaient encore en 1852, époque où il écrivait.

Une des bonnes filles de la communauté, la sœur Marthe, était poursuivie de la crainte d'être renvoyée à cause d'une infirmité qui ne faisait que s'aggraver. — « Expliquez-moi tout », lui dit la Mère avec douceur. — « J'étais, répondit-elle, à remplir, comme novice, une obédience à la maison de Notre-Dame-sur-Vire : je lavais la lessive en hiver. Il y a de cela un an. Je fus saisie d'une peur, et en même temps tellement prise par le froid, que depuis lors mes jambes affaiblies me refusent leur service, et sont comme paralysées. Et maintenant que je ne suis plus bonne à grand'chose je crains qu'on me fasse partir d'ici. » La Très-Honorée Mère (c'était le titre qu'on lui donnait, par imitation des règles des Frères des Ecoles Chrétiennes) répondit avec émotion : — « Non certes, on ne vous renverra pas, ma fille : ce serait une grande injustice. Je vais prier, avec pleine confiance, pour votre guérison ; il faut unir vos prières aux miennes.»

Le lendemain matin, sœur Marthe accourt pleine de joie : — « Ma Mère, je suis complètement guérie ! C'est vous qui m'avez obtenu cette grâce. » — Remerciez le Bon DIEU, sœur Marthe : lui seul guérit, lui seul fait vivre ! Mais remerciez-le en secret, et de ceci ne dites rien à qui que ce soit. » La vénérée Supérieure eut, toute sa vie, une crainte extrême de l'estime ou des éloges qui s'attachaient à sa personne : c'est le cachet des hautes vertus.

Une autre fois, une sœur du nom de Philomène vint aussi entretenir la charitable Mère de sa pénible position. Elle avait depuis longtemps une plaie scrofuleuse qui, partant du cou, s'étendait sur l'épaule et la couvrait. Le mal était devenu si grand, la plaie si horrible à voir, que, malgré son dévoûment et son habitude de soigner les malades, la sœur infirmière éprouvait une révolte de tous ses sens chaque fois qu'elle la pansait. La pauvre infirme s'en était aperçue; c'était peut-être ce qui la faisait le plus souffrir, ainsi qu'elle l'avoua à la Supérieure. Julie, prise d'une tendre compassion embrasse la bonne fille, la console par les plus douces paroles, et ajoute enfin : — « Priez, mon enfant ; priez avec foi et confiance : soyez assurée que bientôt vous serez guérie. » En effet, au bout de trois jours tout était parfaitement catrisé, et si bien que le mal ne reparut plus.

Plusieurs grâces de ce genre ont été obtenues en diverses circonstances, et aussi depuis sa mort, par la vénérée Fondatrice. Le récit détaillé en sera sans doute publié quelque jour, et il n'est point impossible qu'on sollicite alors la béatification d'une servante du Seigneur si accomplie par l'esprit et par les œuvres, et de qui l'âme peut se définir, suivant une belle expression de Mme Swetchine, « une énergie pleine de lumière ».

Afin d'achever le tableau que nous avons essayé de tracer, empruntons la plume d'un respectable et pieux ecclésiastique qui avait vu de près la Mère Marie-Madeleine dans ses dernières années. [1]

---

1. *Vie de Julie Postel* (1852), p. 192. Lettre de M. l'abbé d'Aurevilly, missionnaire diocésain, en date du 6 février 1852.

« Je puis dire que les deux caractères que j'ai remarqués dans la piété extraordinaire de cette bonne Mère sont, premièrement, une foi pénétrante, et secondement un amour de DIEU, je puis l'écrire sans crainte, ardent comme la flamme.

» Elle avait bien ces *yeux illuminés du cœur* dont parle S. Paul, pour savoir quelle est l'espérance de la vocation divine dans les saints. A la voir prier, à l'entendre parler des choses divines, à lui voir joindre seulement les mains quand on disait quelque chose du bonheur du ciel, on pouvait hardiment appliquer à cette âme éclairée ce que l'Apôtre dit de Moïse : *Il demeura ferme comme s'il eût vu le* DIEU *invisible* : tant ses expressions et sa physionomie étaient ardentes, tant sa personne tout entière apparaissait comme environnée de l'auréole de la lumière qui brillait sans nuage dans sa belle conscience. Elle était vraiment de ceux qui *s'approchent de* DIEU *avec un cœur vrai et dans la plénitude de la foi.* [1]

» Pour juger de la grandeur de la sienne, il fallait la voir assister au très saint sacrifice de la Messe. Aux messes basses qui n'étaient pas de règle, et par conséquent libre de ses démarches, elle demeurait à genoux pendant tout le temps du saint sacrifice. Je l'ai vue, de mes

---

1. « Accedamus cum vero corde, in plenitudine fidei ». *S. Paul aux Hébreux*, X, 22.

yeux, assister ainsi, malgré son grand âge et ses infirmités, à trois ou quatre messes qui se célébraient dans la chapelle de sa communauté, et la profondeur de son recueillement, son attitude respectueuse mais d'une simplicité admirable, montraient assez que, pour cette âme fidèle, les voiles qui nous cachent la beauté divine au Très-Saint-Sacrement étaient sinon soulevés du moins largement entr'ouverts.

» Mais, si la célébration des divins mystères la soulevait, pour ainsi parler, de la terre, à laquelle elle échappait par la prodigieuse élévation de son âme occupée à contempler les choses ineffables qui ne tombent pas sous les sens, combien son recueillement était-il plus intime encore quand elle était unie réellement à l'adorable victime du salut! combien toute sa personne était-elle *inspirante* après la Communion, à cet instant délicieux où l'âme sainte et le céleste époux se disent l'un à l'autre : *Tout est consommé !*

» C'était toujours le même indicible sentiment de foi qui rendait si électrisante pour son cœur la pensée de l'éternité. Une âme d'oraison, une âme morte au monde, se familiarise sans peine avec ce qui ne se voit pas ; elle croit voir, ou plutôt déjà elle voit (selon l'expression de David au ps. 26ᵉ), *les biens du Seigneur dans la terre des vivants.* « Aimer c'est voir », a dit avec bonheur Richard de Saint-Victor : il n'est donc pas surprenant que l'âme de notre bonne Mère fût d'une si merveilleuse clairvoyance. Ceux-là le savent qui ont eu l'avantage inappréciable de converser avec elle, et de l'entendre répéter, ou plutôt acclamer, d'une manière qui n'appartient qu'aux saints, le grand mot et la grande chose de *l'Éternité*. « O Éternité ! ô Éternité ! disait-elle : si les hommes te connaissaient ! »

Nous ne bornerons pas à ces lignes les extraits d'une lettre si intéressante, si édifiante, si précieuse pour notre présente histoire. L'auteur continue :

« Ceux-là savent aussi, par expérience, que la parole divine est un glaive qui pénètre jusqu'aux endroits les plus reculés de l'âme, pour lui faire de salutaires blessures. L'éclair brûlant de l'enthousiasme de la Mère Marie-Madeleine se communiquait à l'âme la plus froide, avec la rapidité de la lumière.

» Pour moi, dussé-je vivre cent ans, je ne saurais oublier ses transports, qui me semblaient l'essai vigoureux des ailes de l'aigle qui veut s'élancer jusque dans le sein du soleil, ou, pour dire quelque chose de plus en rapport avec mon sujet, la traduction, par le geste, le feu du visage, le coup-d'œil, le ton inspiré de sa voix, et surtout le cri du cœur, de ce beau verset des psaumes : *Qui me donnera des ailes comme à la colombe, et je volerai et me reposerai ?*

» C'était cette foi si nette, si précise, et en même temps si absorbante, qui la rendait réellement morte à toutes les choses d'ici-bas : de sorte que, à moins d'une nécessité de devoir, elle ne daignait pas même abaisser sur elles un seul regard de son esprit. Que de fois je me suis trouvé avec elle en compagnie ! et quand il y avait assez de personnes pour entretenir la conversation sur des matières qui n'avaient pas un rapport direct et immédiat avec Dieu, selon le conseil de Ste Thérèse elle laissait par les plus pressées, s'entretenant dans son cœur, mais sans affectation aucune, avec l'unique objet de son amour. Elle était alors toute retirée en Dieu, et sa conversation était réellement dans les cieux. Mais venait-on à toucher quelque chose qui la rendît au courant habituel de ses pensées, elle sortait de son silence par un trait de feu, une parole embrasée et embrasante tout à la fois, qui échappait presque malgré elle à sa profonde humilité.

» Je ne puis me rappeler sans émotion le contraste attendrissant de ce vieux corps, usé de travaux et d'austérités, et de cette âme si jeune, si pleine d'énergie, si vivante de la vie de Notre-Seigneur Jésus-Christ. En comparant cette âme, indomptable dans ses élans vers son bien suprême, avec ce corps cassé qui la retenait prisonnière encore, il me semblait voir, quand cette sainte femme m'entretenait de l'amour de son Dieu, l'humble cénacle de Jérusalem frémissant jusque dans ses fondements, et près de s'écouler, au souffle impétueux de l'Esprit d'en-haut. Personne ne sera surpris qu'une âme de cette trempe fît ses délices du *Manuel* attribué à S. Augustin : elle le goûtait comme un miel délicieux, et elle l'avait toujours sur un meuble près d'elle, pour en lire quelque passage à ceux qu'elle honorait d'une amitié particulière, quand ils venaient la visiter.

» Elle lisait avec lenteur la page qui la charmait, et avec ces inflexions qui sont plutôt celles de l'âme que de la voix, si intelligentes et si sûres ; puis, selon le mouvement de l'esprit qui la possédait, elle donnait de son livre à l'auditeur une glose toujours appropriée à ses besoins, et souvent d'une éloquence entraînante. Et qu'on n'en soit pas surpris, puisque, d'après une définition célèbre, *l'éloquence est le son que rend une grande âme.* »

L'auteur de la lettre transcrit, à cet endroit, un passage que Julie lui a lu et commenté mainte fois. Le voici :

« O mon âme, soupire ardemment, désire
» avec violence, afin d'arriver à cette cité *de*
» *laquelle on dit tant de choses glorieuses*, et
» où les bienheureux tiennent leur cour [1].

---

[1]. « Gloriosa dicta sunt de te, Civitas Dei ». *Ps.* 86e, 3.

» L'amour te donnera des ailes pour y voler.
» Rien n'est impossible à celui qui aime, tout
» lui devient aisé. L'âme qui est échauffée de
» ces saintes flammes monte souvent, et court
» avec beaucoup de liberté par les rues de la
» céleste Jérusalem, visitant les patriarches et
» les prophètes, saluant les apôtres, considérant
» les confesseurs et les martyrs, et, sans rien
» appréhender des faiblesses du corps, se
» mêlant aux troupes innocentes des vierges.
» Le ciel et la terre m'avertissent incessamment
» d'aimer mon Seigneur JÉSUS, et tout ce
» qui est dans leur enceinte me fait la même
» leçon.

» *Seigneur, votre parole est de flamme,* s'écriait le Roi-Prophète, *et c'est pour cela qu'elle est si chère à votre serviteur :* [1] la bonne Mère en pouvait dire autant d'elle-même sans pécher contre la vérité. Ce passage que nous venons de citer, en raison sans doute de l'esprit qui le lui développait et lui en inculquait les secrètes beautés, lui causait (nous en avons été le témoin) une espèce de sainte ivresse. N'en soyons pas étonnés : l'amour parlait à l'amour, et lui seul sans doute a le droit de se comprendre.

---

1. « Ignitum eloquium tuum vehementer, et servus tuus dilexit illud. » *Psaume* 118e, 140.

» Je l'affirme en terminant, la digne Supérieure n'était vraiment qu'amour, elle qui répétait à satiété à ses filles cette maxime de S. Bernard, qu'elle ne pouvait se lasser de savourer : *La mesure de l'amour de* DIEU *est de l'aimer sans mesure.* »

Chapitre cinquième.
Le couronnement d'une belle vie.

RIEN ne répugne autant à l'homme que la pensée de sa destruction terrestre. Créé dans la vie d'ici-bas, ne connaissant qu'elle par l'expérience, il s'y attache de toute la puissance de son affection et de sa volonté. Aussi bien la mort est-elle le suprême châtiment du péché.

Mais, pour le chrétien, qui voit plus haut et plus sûrement, cette séparation cruelle et violente de l'âme et du corps est devenue, grâce au sacrifice de Jésus-Christ, la délivrance, le bienfait par excellence. N'est-ce point à la préparer qu'il consacra ses jours ? n'est-elle pas le dernier des combats, celui qui décide la grande victoire ? N'est-elle pas le passage nécessaire à l'illumination définitive, à l'abandon des ombres pour la réalité, à la satisfaction complète des aspirations du cœur, si durement déçues pendant l'existence en la vallée de ce monde ? Dès lors, comment l'envisagerait-il avec le même effroi que l'infidèle ? N'a-t-il pas, au contraire, toutes les raisons de l'aimer ? Et quant à la crainte du jugement de Dieu, la seule chose redoutable en tout ceci, elle lui est admirablement adoucie par cette parole du Prophète : *Précieuse en présence du Seigneur est la mort du juste* ; et par cette autre de S. Paul : *Il n'est aucun sujet de damnation pour ceux qui vivent dans le Christ* JÉSUS, *et qui n'ont point la chair pour règle de leur conduite* [1].

Et cette espérance, comme elle soutient, comme elle anime ! « Si nous considérons, ô
» mes bien-aimés frères, s'écrie S. Grégoire
» dans l'un de ses sermons ; si nous considé-
» rons quelles et combien grandes sont les
» promesses qui nous ont été faites pour le
» ciel, notre âme n'aura plus que du mépris
» pour tout ce qu'elle voit sur la terre. Car, en
» comparaison de la félicité céleste, les biens
» d'ici-bas sont un fardeau plutôt qu'un appui.
» La vie temporelle, en face de l'éternelle vie,
» mérite le nom de mort, et non d'existence.
» Qu'est-ce donc que cette destruction conti-
» nuelle qui s'opère en nous, sinon une sorte
» de travail lent de la mort ? Mais quelle langue
» pourra dire, quelle intelligence pourra com-
» prendre, les joies de la cité divine, lorsque
» l'homme, admis parmi les chœurs des anges,

---

1. Pretiosa in conspectu Domini mors sanctorum ejus. *Ps.* 115, 15.
Nihil nunc damnationis est iis qui sunt in Christo JESU, qui non secundùm carnem ambulant. *Rom.* VIII, 1.

» contemple avec les esprits bienheureux la
» gloire du Créateur, voit Dieu lui-même face
» à face, est enveloppé dans l'immense et
» éternelle lumière, ne peut plus redouter la
» destruction, et se trouve plongé dans l'océan
» de l'incorruptibilité sans fin ? Certes, notre
» âme brûle d'impatience à ce tableau : elle
» voudrait être déjà en ce lieu où elle espère
» vivre éternellement. Mais on ne saurait
» venir à de grandes couronnes que par de
» grands travaux. Et c'est pourquoi S. Paul
» nous annonce que *nul ne sera couronné à*
» *moins d'avoir combattu comme il devait*. Que
» notre âme se réjouisse donc de la magnifi-
» cence du prix, mais que les difficiles combats
» et le travail ne l'effraient pas. » [1]

Toute la vie des saints est là : espérer, travailler, lutter généreusement. Ç'avait été celle de Julie Postel, de Mère Marie-Madeleine. Quelle existence humaine fut plus laborieuse, plus patiente, plus dévouée ? Et nous venons de voir comme elle se répétait à elle-même, avec S. Augustin : « O mon âme, soupire ardemment, désire avec violence, afin de parvenir à cette cité de laquelle on raconte de si glorieuses choses ! » Ce n'est point en elle qu'on eût trouvé la crainte de la mort. Autant que Dieu le permet, elle la désirait, comme S. Paul, pour

---

1. *Gregor.* Homil. XXVII in Evangelia.

être admise plus tôt en possession du céleste Rédempteur : *Cupio dissolvi, et esse cum Christo*. Le trépas ne devait la séparer de rien, parce que la foi l'avait déjà séparée de tout.

« Que la foi, dit Massillon, rend le fidèle grand
» au lit de la mort ! que le spectacle de l'âme
» juste, en ce dernier moment, est digne de
» Dieu, des anges et des hommes ! C'est alors
» que le fidèle paraît maître du monde et de
» toutes les créatures ; c'est alors que cette âme,
» participant déjà à la grandeur et à l'immu-
» tabilité du Dieu auquel elle va se réunir, est
» élevée au dessus de tout. Elle est déjà im-
» mobile dans le sein de Dieu, au milieu de
» la destruction de toutes choses. Qu'il est
» grand, encore une fois, d'avoir vécu dans
» l'observance de la loi du Seigneur, et de
» mourir dans sa crainte. » [1]

La Mère Marie-Madeleine touchait à ses quatre-vingt-dix ans. D'une santé forte et solide jusque là, rien n'empêchait d'espérer que Dieu la laisserait encore à son œuvre pendant plusieurs années. Mais qu'eût-elle fait plus longtemps dans cette vallée de misères ? l'exil pesait chaque jour davantage à cette âme habituée aux communications les plus intimes

---

1. V. *Les Douleurs de la vie, la Mort, le Purgatoire*, par M. l'abbé Postel, p. 207 et suiv.

de la prière avec le divin Bien-Aimé. D'ailleurs, l'œuvre elle-même était achevée. La congrégation de la Miséricorde, qui naguère ne comptait que vingt-cinq religieuses, en avait aujourd'hui plus de cent cinquante ; elle était florissante dans sa maison-mère de Saint-Sauveur-le-Vicomte ; les règles étaient scrupuleusement gardées, l'esprit de l'institut y régnait dans toute sa pureté ; le bien se faisait par elle dans plusieurs diocèses. Encore une fois, que restait-il à l'admirable fondatrice, sinon de demander à son père du ciel de ne la plus faire languir loin de lui ? Comme au grand Apôtre il lui était permis de s'écrier : *J'ai combattu le bon combat, j'ai accompli ma course, j'ai gardé ma foi : et voici que m'attend, toute préparée, la couronne de justice, que mon maître, mon équitable juge, me donnera enfin ; et non pas seulement à moi, mais à tous ceux qui aiment son avènement;* à ces filles, à ces sœurs, à ces amies, qui sont accourues l'aimer et le servir dans cette famille nouvelle qu'il m'a permis de lui dédier [1].

Les forces commencèrent à diminuer. Elle comprit que l'heure suprême allait venir, et sollicita du vénérable supérieur, M. l'abbé De-

---

[1]. « Bonum certamen certavi, cursum consummavi, fidem servavi : in reliquo, reposita est mihi corona justitiæ, quam reddet mihi Dominus in illâ die, justus judex ; non solùm autem mihi, sed et iis qui diligunt adventum ejus. » II *Timoth*. IV, 7-8.

lamare, une double bénédiction, l'une pour sa chère communauté, la seconde pour elle-même, qui pût, dit-elle avec calme, s'étendre jusqu'à l'éternité. Il ne paraissait pas néanmoins, à ce premier avertissement, qu'il y eût de la gravité dans cet état d'affaiblissement, naturel à pareil âge. Mais peu de jours s'étaient écoulés, que le mal grandit; elle se trouva tout à coup comme privée de sentiment, à l'heure où, après avoir récité sans peine, et à haute voix, les matines et les laudes du grand office, elle allait prendre son repos de la nuit. Le chapelain s'empressa de lui donner l'Extrême-Onction, et remit au lendemain pour le saint Viatique. Dès le matin, en effet, la communauté s'apprêtait à communier pour la très honorée Mère, le prêtre était à l'autel, quand on vit arriver Julie, qui se mit à suivre le divin sacrifice comme les autres jours, communia selon son habitude et fit son action de grâces ordinaire.

Au sortir de la chapelle, elle se replaça sur sa pauvre couche, qui méritait bien plutôt le nom de grabat. Elle ne devait plus se relever. Cependant elle put dire encore ses petites heures. Jamais sa tendre piété ne s'était manifestée d'une manière plus touchante, plus expansive, dans un calme plus parfait. Son cœur se fondait en DIEU; ses lèvres répétaient sans interruption les actes de la foi, de la soumission, de la confiance, de l'amour ardent.

Si le Bon Dieu est auprès de ses serviteurs pendant leur vie, les soutenant et combattant avec eux, il s'approche davantage encore à l'heure de la dernière lutte, afin d'assurer à ces amis de son cœur la décisive victoire.

La faiblesse empirait ; il était visible que les organes s'engageaient profondément, ou plutôt qu'ils étaient près de la destruction. La sœur infirmière obtint à grand'peine que la vénérée Mère se laissât porter sur un véritable lit, elle qui avait toujours désiré de mourir dans la cendre, à l'exemple des trappistes et des anciens pénitents. Elle souffrit cet adoucissement par esprit d'obéissance, de cette obéissance religieuse qui est le premier des sacrifices spirituels, et tout en disant : « Vraiment, ma fille, ce n'était pas la peine, pour si peu de temps surtout! » Car elle sentait qu'elle n'en reviendrait pas.

Deux heures après, elle voulut réciter l'office des vêpres avec le chapelain, qu'elle avait fait appeler ; mais elle n'en eut pas la force. Alors, d'une main débile, elle prit un de ses livres favoris, y chercha et montra du doigt, comme son testament, ce passage de S. Bernard : « Le » religieux qui ne travaille point n'est pas » digne d'être religieux... » Et, sans autre agonie, sans souffrance apparente, elle s'endormit dans le Seigneur, semblable à un petit enfant aux bras de sa mère, à trois heures de l'après-midi, heure où Notre-Seigneur expira sur la croix. C'était le 16 juillet 1846, et elle avait quatre-vingt-dix ans moins quatre mois et douze jours, étant née le 28 novembre 1756.

L'édification devait sortir encore de ce vénérable cadavre : on trouva près de lui un grand cilice, avec un autre vêtement de dessous hérissé de pointes de fer... Le monde ne comprend rien à cette sainte avidité d'expiation et de pénitence ; mais le monde est le monde, et nous sommes des chrétiens ! La croix du Seigneur, librement acceptée, se perpétue ainsi à travers les siècles, conjurant la colère de DIEU incessamment provoquée par les pécheurs, et forçant pour ainsi dire sa miséricorde à nous entourer de tendresse et de pardon. Les saints expient pour nous. Rougissons de notre mollesse.

Est-il nécessaire d'exprimer la douleur de la pieuse famille de Saint-Sauveur ? Le coup avait été si rapide, que le premier mouvement fut celui de la stupeur ; les larmes jaillirent de tous les yeux ; maîtresses et élèves pleuraient encore, car elles ne devaient plus la revoir ici-bas, cette mère qui avait été leur providence. Et pourtant la foi prit le dessus, la foi cette lumière et cette force des élus : en se lamentant pour soi-même, on se réjouit du triomphe où était entrée Julie Postel, l'héroïque fille du

Calvaire et de l'Eucharistie. Ah! qu'avait-on à craindre pour cette âme, de tout point grande et fidèle ? Avait-elle eu un soupir qui ne fût pour Dieu? Dieu donc l'avait reçue sans doute parmi ses saints, la où ce cœur embrasé de charité avait tant de fois volé. On se demandait s'il était nécessaire de prier pour elle, ou s'il ne convenait pas mieux d'invoquer l'intercession d'un si beau modèle de toutes les vertus.

L'invocation privée, dans ce cas, est seule permise, en attendant que l'Église, par sa décision souveraine, autorise le culte public.

Conformément à la règle de la congrégation, le corps, vêtu des habits religieux, fut exposé, même pendant la cérémonie des obsèques. On eût dit une personne endormie, tant la sérénité de ce visage avait été inviolable pour le terrible ravageur qui a nom la Mort, et qui ne recueille que des défaites auprès des saints, jusqu'à ce qu'elle *soit elle-même immolée*, selon la parole de l'Apôtre [1]. Dans la main droite de la chère défunte était un crucifix qu'elle avait tenu en expirant, et que vainement on avait essayé de lui ôter pour les préparatifs des funérailles. — « Laissez-le où il est, dit le supérieur, M. l'abbé Delamare. Depuis plus de soixante ans votre Mère ne s'est jamais endormie sur son lit de camp sans tenir à la main ce signe du salut.

---

[1] « Novissima inimica destruetur mors ». I *Cor.* XV, 26.

Elle regardait comme une grâce particulière de l'avoir retrouvé toujours dans la même main à son réveil. Est-ce que, pendant sa longue vie, elle ne répétait pas incessamment :

Que la croix dans ma main soit à ma dernière heure ;
Qu'à mon dernier soupir je l'emporte et je meure !

Il est juste qu'elle la conserve dans le sommeil du tombeau. » La croix, c'était le complet symbole de la longue vie qui venait de s'achever ; elle en fut la compagne, elle en sera le sceptre pendant l'éternité.

L'inhumation eut lieu dans l'église pour laquelle Julie avait tant travaillé. On disposa un petit caveau près du sanctuaire, au milieu du chœur. Un nombreux clergé accourut des environs prendre part à la cérémonie. Chacun s'empressait de déposer sur la tombe des fleurs et des couronnes. Elle est devenue pour les Sœurs de la Miséricorde un lieu de pèlerinage, où elles viennent exhaler leur reconnaissance, raviver leurs pieux souvenirs, et demander à DIEU de participer de jour en jour plus pleinement à l'esprit de sainteté, de dévouement, de sacrifice et de fermeté, qui brilla dans la très honorée Mère Marie-Madeleine.

« Seigneur JÉSUS, s'écrie S. Ambroise, nous
» voici à votre suite ; mais faites entendre
» votre voix pour nous faire avancer, car sans

» vous nul ne peut diriger sa course vers les
» hauteurs. C'est vous qui êtes la voie, la vérité,
» la vie, la récompense. O notre voie, recevez-
» nous ; notre vie, ne nous laissez pas mourir !
» Faites luire à nos yeux ces biens qui sont
» les vôtres, et que désirait contempler David
» lorsqu'il disait : *Qui nous montrera les biens ?*
» et il répondait : *Oui, j'espère avoir les biens*
» *du Seigneur dans la terre des vivants.* Là
» sont en effet les biens, la vie sans fin, la vie
» sans péché. N'est-ce pas le même prophète
» qui disait encore : *Nous serons rassasiés et*
» *comblés au milieu des richesses de votre maison ?*
» Seigneur, révélez-nous donc ce bien, qui est
» vôtre, ce bien tout divin, dans lequel nous
» puisons l'être, la vie, le mouvement. Révélez-
» nous le bien qui, semblable à vous-même,
» est indestructible, immuable, qui nous fera
» vivre éternellement dans la possession de
» toute félicité. Là est le vrai repos, la lumière
» inextinguible, la grâce perpétuelle, l'héritage
» saint des âmes, la tranquillité sans épreuves
» loin du trépas vaincu, loin des larmes, loin
» de la douleur. » [1]

Le tombeau de Julie Postel a vu des merveilles. Parvenue au port, l'admirable Fondatrice serait-elle moins puissante auprès de DIEU

---

1. Ambros., *De Bono Mortis*, 55.

qu'elle le fut durant le pèlerinage ? Nous avons cité précédemment plusieurs guérisons opérées à sa prière. La confiance augmenta après sa mort. Parmi les personnes exaucées, signalons : deux femmes des environs de Saint-Sauveur délivrées de la goutte sciatique, en 1851 ; — la sœur Philomène, de la communauté, guérie à la suite d'une neuvaine ; — la sœur Hortense, dont le fait est ainsi exposé par Mgr Delamare : — « Elle était atteinte, depuis six mois, d'un mal de poitrine qui chaque jour faisait des progrès. Depuis trois mois elle ne pouvait plus quitter l'infirmerie, ni même se lever depuis quelques semaines. L'appétit était perdu ; elle pouvait à peine prendre de la tisane. Il fallait user des plus grandes précautions pour faire son lit en toute hâte, et encore avait-elle des faiblesses. Les sœurs allaient la voir pour la consoler, dans cette longue maladie, qui était unanimement considérée comme une phthisie pulmonaire. Sa maigreur était extrême. Les sœurs, aussi bien que le médecin et le chapelain, ne lui donnaient plus que quelques jours à vivre. Cette bonne religieuse, née à Tamerville, avait une confiance particulière dans la vénérable Fondatrice : elle commence une neuvaine en son honneur, afin de demander sa guérison si telle est la volonté de DIEU. Elle désira porter à son cou, pendant la neuvaine, la croix pectorale de la très-honorée Supérieure. Toute la communauté s'unit d'intention, et une communion générale doit avoir lieu à la messe de clôture. Le huitième jour, le médecin, homme fort éclairé, dit aux sœurs portières, en sortant : *Elle va succomber : je ne reviendrai qu'autant qu'on m'appellera.* Mais voilà que, le lendemain matin, la malade demande tout-à-coup à l'infirmière la permission de se lever pour se rendre toute seule à la messe de clôture de la neuvaine. On croit à un moment de délire. Mais elle insiste, se lève en effet, va à la chapelle et y communie, au grand étonnement de toute la communauté. Elle fait son action de grâces, puis se rend au tombeau de la vénérée Mère pour la remercier de la guérison dont elle vient d'être l'objet.

» Or, il n'est pas possible d'attribuer cette guérison à l'imagination de la Sœur. Quand les forces se sont détruites peu à peu, quelle qu'en soit la cause, elles ne peuvent se relever instantanément sans l'action surnaturelle du Créateur. L'imagination peut encore moins remettre, *en un clin d'œil,* comme on dit, la chair sur les os. Or, non seulement la Sœur Hortense reprit à l'instant même la nourriture et toutes les habitudes de la maison, lever, prières, offices, et les travaux de l'obédience la plus pénible, le soin de la nombreuse basse-cour, en particulier celui de la vacherie, absolument comme six mois auparavant, mais encore nous avons tous vu, le jour même, le lendemain comme depuis, sa face redevenue pleine, aussi bien que ses forces premières rétablies. » Quant au médecin, son étonnement fut sans égal, et il ne fit pas difficulté de déclarer qu'à ses yeux il y avait là un grand miracle.

Du reste, en fait de merveilles, qu'on se souvienne des prédictions de Marie-Madeleine. N'avait-elle pas annoncé, contre toute vraisemblance, le développement de sa congrégation, la réparation de son église de Saint-Sauveur, les ressources qui allaient lui arriver ?

Oui, c'est la vie d'une sainte qu'a menée Julie Postel, ce sont des œuvres de sainte qu'elle a accomplies ; et sa mémoire, sainte devant DIEU et devant les hommes, sera honorée toujours comme celle d'une véritable et exemplaire servante du Seigneur. *Mulierem fortem invenimus : procul et de ultimis finibus pretium ejus.*

Conclusion.

 VOILA donc à quel degré de sainteté, d'abnégation, de dévouement, de grandeur morale, la vérité religieuse, odieusement attaquée de nos jours, élève une âme résolue à marcher dans sa lumière. Ce ne sont point une riche position, un milieu d'action naturelle sur les hommes, des traditions de famille, qui ont entraîné dans leur orbite l'humble héroïne de qui nous venons de tracer l'histoire : elle a simplement obéi à sa foi, répondu à l'appel intérieur du Dieu qu'elle adorait. L'Église catholique possède le monopole de ces merveilles. Quand elle saisit un noble cœur, elle le porte victorieux sur les sommets du bien.

Et non seulement ce cœur gravite alors incessamment vers le Maître qui l'attire : de cette hauteur, tournant le regard vers ses frères, il aspire, comme le Sauveur lui-même, à s'immoler pour leur perfectionnement, leur salut éternel. On ne peut aimer Dieu sans aimer le prochain, et toutes les fécondes créations en faveur des misères humaines sont sorties, comme les fleurs de leurs tiges, de l'épanouissement de la charité chrétienne dans les serviteurs de Jésus-Christ.

Négligeant les preuves multipliées du passé, sont-ce les académiciens, les moralistes incrédules, les journalistes déclamateurs de philanthropie, les politiciens à phrases ampoulées, qui ont songé à créer les Petites-Sœurs-des-Pauvres, les Sœurs Garde-Malades, les Dames de Lyon pour la visite des malades abandonnés, les Hospitalières de Saint-Joseph, les Hospitaliers de Saint-Jean de DIEU pour les fous ; les Hospitalières de Sainte-Marthe, du Saint-Sacrement, de la Charité de Nevers, de Saint-François-d'Assise, de l'Enfant-JÉSUS, de Notre-Dame, de JÉSUS-Marie, des Ames du Purgatoire, de la Providence, de Saint-Joseph, de Saint-Alexis, de Saint-Roch, de la Présentation, de l'Espérance, de l'Ermitage, de Saint-Maur, de la Miséricorde de Sèes, de l'Ange-Gardien, de Notre-Dame Auxiliatrice, de la Charité de Tours ; les Petites-Sœurs des Champs ; les religieuses Servantes du Sacré-Cœur ; les Sœurs de Sainte-Chrétienne ; les Filles du Divin-Rédempteur ; les Dames de Nazareth pour les filles pauvres, du Bon-Pasteur pour les repenties, de Saint-Thomas-de-Villeneuve pour les infirmes ; et cent autres congrégations de femmes maternellement penchées sur toute souffrance ; — des orphelinats et des ouvroirs sans nombre, presque dans chacune de nos villes, à l'ombre de toutes nos églises, sous la direction de nos pasteurs et le patronage exclusif de nos mystères et de nos saints ? Où sont les œuvres de la libre-pensée, en face de cette miraculeuse efflorescence, que ni la pauvreté, ni la persécution, ni l'ingratitude, pas plus que le cours des années depuis dix-huit siècles, n'ont pu arrêter, n'ont pu diminuer?

Incomparable est le tableau d'une telle germination. Tout y est divin, depuis le but particulier de chaque institut jusqu'à l'immolation personnelle et complète des catholiques, si nombreux, qui s'y dévouent, et qui, chargés de sacrifices et d'effrayants labeurs, s'en retournent à Dieu en léguant à une génération serrée de successeurs leur pensée, leur création, leur martyre; sans que jamais s'épuise la sève chrétienne, sans qu'elle s'appauvrisse même aux jours des affaissements de la foi populaire. A chaque instant, d'un village inconnu, de la cité la plus affadie, pourvu qu'il y reste encore un autel et une croix, sortira quelque Julie Postel; et, sans ressources, sans appui, sans crédit d'aucune sorte, parfois sans éloquence humaine et sans talent, on la verra réunir autour d'elle d'autres âmes affamées aussi de charité, et toutes ensemble courir au-devant du malheureux pour lui crier : « Paix à toi, mon frère ! voici la Providence qui passe ! »

Et c'est tout cela que d'ineptes aventuriers de plume ou d'émeute, esclaves déshonorés de la franc-maçonnerie, ennemis affichés de Dieu, intarissables menteurs à l'oreille du pauvre peuple, c'est tout cela qu'ils poursuivent de leur rage écumante, tout cela qu'ils veulent détruire ; au nom *de la liberté* disent-ils ! Je ne sais si jamais se produisit sur la terre plus sanglante injure à la dignité de l'homme et au bon sens.

Ce n'est point, au fond, la seule impiété qui les anime, c'est en outre une basse envie, celle de Satan leur père ; ils n'ont pas le courage de le nier.

Heureusement, du haut du ciel un œil est éternellement ouvert, celui de DIEU !

Mais, parmi ces œuvres de secours, les plus importantes sans doute seront celles qui ont pour objet de faire surgir et de développer le côté moral de l'homme : l'instruction par conséquent, et tout ce qui s'y rattache.

Or, l'Église s'y est à jamais illustrée par ses conciles, ses lois, ses pontifes, ses saints. Ce que l'antiquité païenne la plus civilisée, la plus raffinée, ne soupçonna même pas, les écoles pour les petits et les pauvres, le Catholicisme l'établit partout. Aujourd'hui encore, à mesure que les pays barbares se découvrent, si le commerce y va dresser des comptoirs, les académiciens, les universitaires, les lettrés, n'y paraissent guère, les envoyés des corps savants pas davantage, du moins pour s'y fixer et travailler au bien-être et à l'instruction des indigènes : on laisse cette noble préoccupation à nos missionnaires, à nos sœurs de tous les ordres. Et ceux-ci arrivent intrépidement. La Chine les reçoit dans ses provinces les plus reculées, l'Australie les voit accourir dans toutes ses îles, les Indes les connaissent, et il n'est point de contrée américaine, sauvage ou constituée, qui ne les compte par centaines [1]. Des églises, des écoles, voilà l'assidue poursuite du ministre de l'Évangile.

Bien que déjà nous ayons rappelé ces faits historiques dans un précédent chapitre, serait-il superflu d'y revenir un instant, comme couronnement à ce qu'on vient de lire, et aux récits d'apostolat que renferme ce livre ? [2]

Ne parlons que de la France.

Dès le Ve siècle, les Barbares ont tout détruit sur leur passage. Plus d'instruction, plus d'études ; il n'y a de place que pour la force brutale et l'ignorance. Mais, dès 470, nos évêques, nos pasteurs des campagnes, ressuscitent le goût et les moyens du savoir. Bientôt se multiplient les maisons des Bénédictins, et avec elles les centres d'éducation. Le pieux Charlemagne, poussé par sa foi, excité par l'Église, veut une

---

1. Voir, entre autres, l'admirable Vie de Mme Duchêne (du Sacré-Cœur), par M. l'abbé Baunard.
2. Consulter les quatre intéressants volumes de MM. Gazan de la Peyrière : *le Catholicisme et la France*. Paris, Bourguet-Calas, 1873.

école auprès de chaque cathédrale, en même temps que tout couvent en ouvre une ou plusieurs pour les populations groupées alentour. Partout où refleurit la culture intellectuelle, regardez : c'est un prêtre, c'est un moine, c'est un évêque qui conduit tout. Les Universités se fondent : œuvre directe du clergé, ou des princes qu'il inspire. Le *laïcisme* des écoles n'était pas inventé ; le bon sens public se serait refusé à comprendre qu'on pût s'adresser à la jeunesse autrement qu'au nom de DIEU.

Une nouvelle décadence marquera le Xe siècle : et voici, dès 901, le moine Rémy ouvrant à Paris une école publique, où la jeunesse accourt : il y enseigne, malgré la misère des temps, la grammaire, la dialectique, le chant, les arts libéraux. Le mouvement continue et s'étend, partout où il y a des religieux, et au XIIe siècle ils ont couvert la France d'écoles primaires et d'écoles supérieures. C'est par vingt, par trente mille que les disciples accourent, dans la seule ville de Paris, six fois moins étendue que de nos jours. Ces écoliers sont honorés d'immunités très importantes, afin d'attirer plus encore d'étudiants. C'est Robert de Courson, légat du Pape, qui, en 1215, constitue définitivement la grande Université.

Aux XIIIe et XIVe siècles, le personnel enseignant appartient complètement au corps de l'Église. Le clergé, dans les provinces, à Bourges, à Orléans, à Angers, à Caen, à Bordeaux, à Toulouse, à Cahors, en vingt villes, institue ou des universités ou des collèges, foyers d'une immense activité intellectuelle.

L'hérésie protestante suscite des travailleurs nouveaux parmi les catholiques. Ignace de Loyola fonde son illustre Compagnie, dont les maisons d'éducation seront les plus nombreuses, les plus recherchées, les plus brillantes, qui se soient jamais rencontrées. En même temps que lui, Angèle Mérici, une simple campagnarde comme Julie Postel, crée la célèbre congrégation des Ursulines pour les écoles de filles, écoles qui monteront promptement à plus de huit cents.

Le clergé, soucieux du pauvre, ajoute à ces fondations des milliers de bourses pour les écoliers indigents, qui à leur tour fourniront à la société des docteurs fameux, des professeurs, des théologiens des évêques, des cardinaux, des chanceliers de France, des ministres, des ambassadeurs.

Et pour tant d'institutions à soutenir, les ordres religieux, ces armées de mortifiés, de morts à eux-mêmes, d'immolés aux autres, s'épanouissent à l'heure utile. Ce sont les Jésuites, les Oratoriens, les Doctrinaires, les Bénédictins, les Bernardins, les Minimes, les Barnabites, les Lazaristes, les Basiliens, les

Prémontrés, les Dominicains, les Carmes, les Franciscains, les Augustins, les Théatins, les Antonins, les Frères des Ecoles Chrétiennes, etc. Du côté des femmes, même efflorescence.

Les corps religieux se montrent si admirables dans l'œuvre, qu'au XVIIIe siècle on les appelle même à diriger les écoles militaires, à Pontlevoy, Metz, Sorrèze, Vendôme, Tournon, Effiat, La Flèche, Brienne, Pont-à-Mousson, Rebais, Nanterre.

Même émulation parmi les femmes, avons-nous dit. Dès le VIe siècle, les monastères de Poitiers, d'Arles, de Chelles, de Maubeuge, de Remiremont plus tard, d'Argenteuil, de Royaumont, de Rouen, de Fontevrault, de Caen, et plusieurs autres, renferment des pensionnats. Ce sont les ordres des Bénédictines, des Dames de la Foi, des Dominicaines; des Dames du Saint-Sacrement, du Saint-Esprit, de la Visitation, de Sainte-Marie, de Sainte-Claire, du Calvaire, de la Propagation; des chanoinesses de la Madeleine, du Saint-Sépulcre; des Augustines, des Mathurines; des Sœurs de Saint-Thomas, de Saint-Joseph, de la Conception, de la Présentation, de Saint-Michel, de la Mère de DIEU, de l'Union Chrétienne; les filles de la Charité, de Saint-François, de Notre-Dame, de l'Enfant-JÉSUS, de la Providence, etc.

La Révolution, saturée de haine, ennemie de tout ce qui est vraie lumière, perfection morale et bien-vivre, pille, chasse, égorge les serviteurs et les servantes de Dieu, souille, confisque, incendie églises, chapelles et couvents, ferme ces établissements séculaires, proscrit toute association chrétienne. Un peu de paix succède-t-elle à ces orgies, l'Eglise, ruinée dans ses biens, décimée dans son personnel, tenue en défiance par des gouvernements d'aventure et d'illégale origine, reprendra sa mission. Quel spectacle, en ces temps de matérialisme, scientifique, politique, littéraire, administratif, où chacun ne veut penser qu'à soi ! Quarante ans ne s'étaient pas écoulés, que les familles religieuses revenaient sanctifier le sol ingrat où le sang des victimes était à peine séché ; à côté des anciennes s'en formaient d'autres pour tous les besoins, et plus spécialement pour les écoles. Comment les pourrions-nous enumérer ? Chaque diocèse en fournit une liste pleine. Ne parlons que des Sœurs.

Voici le Sacré-Cœur, — les Ursulines, — les Fidèles Compagnes de Jésus ; — les Sœurs du Saint-Sacrement, — de Saint-Joseph de Rhodez, — de Sainte-Marthe, — de Saint-Maur, — de la Providence, — de l'Annonciade, — de Nevers, — de Sainte-Anne, — de la Miséricorde, — de la Sainte-Famille, — du Sauveur, — de la Présentation, — de Saint-Dominique,

— d'Evron, — de l'Immaculée-Conception, — du Bon-Pasteur, — des Saints Noms de JÉSUS et Marie, — de Saint-François-d'Assise, — de l'Apparition, — de la Croix, — de N.-D. des Missions d'Afrique à Alger, — de la Visitation, — de la Sainte-Trinité, — de l'Assomption, — de l'Ange-Gardien, — de Saint-Joseph de Cluny, — de la Sagesse, — de Saint-Charles, — de Portieux, — de Saint-Augustin, — du Calvaire, — de la Retraite, — de Saint-Joseph de Lyon, — de Saint-François des Récollets, — de la Providence de Ruillé-sur-Loir, — de Sainte-Marie-des-Anges, — de l'Union-Chrétienne, — des Ursulines de Chavagnes, — de la Charité de Saint-Vincent-de-Paul, — du Saint et Immaculé Cœur de Marie, — de Sainte-Philomène, — de Saint-Pierre du Puy; — les Sœurs de JÉSUS, — de Sainte-Croix, — de Sainte-Agnès, — de la Mère-de-DIEU, — du Saint-Esprit, ou *Sœurs Blanches*; — les Sœurs de Kermaria en Bretagne, — de la congrégation de l'Enfance de JÉSUS et de Marie, — du Saint-Sépulcre; etc. Nous n'avons pas tout nommé.

Quant à la *Miséricorde des Écoles Chrétiennes*, dont ce volume expose l'histoire, on y a vu briller les plus pures inspirations de l'amour divin, de l'abnégation, de la fermeté sainte, de l'apostolat et du zèle chrétien.

Ce sont là les prodiges catholiques, et ils

sont universels et journaliers : on attendra longtemps un seul fait de ce genre, *un seul* disons-nous, du côté de l'incrédulité ou de la simple pensée humaine.

L'institut de JULIE POSTEL, né dans un village, mais au pied du tabernacle, a traversé tous les obstacles, sans s'y briser. Comptant aujourd'hui environ *cinq cents* membres, il dirige *cinquante* établissements au diocèse de Coutances, *sept* à Paris, *vingt-six* disséminés dans les diocèses de Bayeux, Versailles, Beauvais, Châlons, Meaux, Clermont, Soissons et Cambrai.

La grande, l'irréfutable apologie de la Foi est dans ses œuvres. Avec cette armure elle affrontera éternellement les regards des siècles, comme les fureurs de ses ennemis.

En dépit de toutes les déclamations philosophistes, maçonniques, humanitaires, JÉSUS a apporté sur la terre deux lois qui se tiennent : celle du service essentiel de DIEU, celle de la perfection. La dernière, qui est la loi de nos communautés religieuses, ne périra pas plus que l'autre. *Portæ inferi non prævalebunt.* Vouloir l'Evangile chez un peuple, en y fermant les sanctuaires de la perfection spirituelle, est un rêve insensé. La robe du divin Crucifié est sans couture : on la déchire ou on la tire au sort, on ne la partage pas. Est-ce que le Maître ne l'a pas dit formellement ? *Marie a choisi la meilleure part, et elle ne lui sera point ôtée.*

Courage donc, ô fils de la loi parfaite ! La tempête présente, soulevée de tous les bas-fonds de l'erreur et du vice, n'en a que pour un temps ; elle passera, comme tous les fléaux, et Dieu remettra à la tête des nations d'honnêtes gens, des amis du droit, de la liberté chrétienne, du bien social, et la sainte Sion chantera de nouveau dans ses temples l'hymne de la paix, de la reconnaissance et de la charité.

A Dieu il fallait, en ces jours pleins d'affaissements, d'apostasies et de forfaits, une expiation par la vertu : il vous demande donc l'héroïsme de l'immolation, l'héroïsme de l'amour, l'héroïsme de l'espérance en lui. Une bande triomphante pousse l'humanité dans le culte de l'enrichissement et de ce qu'elle appelle la liberté : et pour cela elle vous dépouille vous-mêmes, elle vous chasse des maisons où librement vous viviez en frères. A côté de la famille naturelle elle ne souffre point la famille spirituelle. *L'homme animalisé*, dit S. Paul, *ne s'élève point à ces choses, sa brutalité ne le permet pas* [1]. Mais cette famille spirituelle, la plus pure création du christianisme, Dieu la veut : et l'on verra bien, à la fin, qui est plus fort, Dieu

---

[1]. Animalis homo non percipit ea quæ sunt Spiritûs Dei : stultitia enim est illi ». 1 *Cor.* II, 14.

ou les tristes pygmées qui l'attaquent. Ces petits hommes en seront réduits un jour à s'écrier, ainsi que le marque le prophète Isaïe : *Nous avons conçu, nous avons été comme dans le travail de l'enfantement, et il n'est sorti de tous ces efforts qu'un vain souffle* [1] ! Et, comme le leur prédit S. Paul, *Nous sommes devenus fous, en nous attribuant le nom de sages* [2] !

« L'espérance des méchants, dit ailleurs le
» texte sacré [3], est comme ces petites pailles
» que le vent emporte, ou comme l'écume légère
» qui est dispersée par la tempête, ou comme
» la fumée que le vent dissipe, ou comme
» le souvenir d'un hôte qui passe, et qui n'est
» qu'un jour dans un même lieu. — Mais les
» justes vivront éternellement : le Seigneur
» leur réserve la récompense, et le Très-Haut
» les entoure de sa sollicitude. — Ils recevront
» de la main de DIEU un royaume admirable,
» un diadème éclatant de gloire ; il les pro-
» tégera de sa droite, et les défendra par la
» force de son bras. »

Reposita est hæc spes mea in sinu meo. [4]

---

1. « Concepimus, et quasi parturivimus, et peperimus spiritum ». *Isaïæ* XXVI, 18.
2. « Dicentes... se esse sapientes, stulti facti sunt ». *Rom.* I, 22.
3. *Sagesse*, II, 15.
4. *Job*, XIX, 27.

FIN.

Table des Matières.

LIVRE I.

Enfance et vocation.

PAGES.

Chapitre I. — Naissance et premières années de Julie Postel. ... 1

L'Église est la grande œuvre de DIEU. — Ce que sont les saints. — Le bourg de Barfleur. — La famille de *Julie Postel*. — Note sur ce nom. — Piété de Julie dès son enfance. — Préjugés contre l'état de l'instruction des campagnes à cette époque. — Esprit de pénitence dans Julie. — Son horreur du blasphème. — Amour des pauvres. — Esprit de prière.

Chapitre II. — Premières œuvres de zèle 18

Julie pense à se consacrer à Dieu. — Des ordres religieux. — Les Bénédictins. — Julie en pension. — Elle revient dans sa famille. — Elle s'occupe des âmes. — Ses premières élèves.

Chapitre III. — Principes d'éducation. 27

Convaincre et entraîner plutôt que punir. — Pensée de Rollin. — Le devoir chrétien. — L'instruction religieuse. — *Éducation* et *instruction*. — Aveu de M. Renan (*note*). — Offrir tout à DIEU. — Pensée du P. Faber.

Chapitre IV. — Les désastres de la Révolution.. 36

Providence du Seigneur dans les grands bouleversements sociaux. — Ce que fut la Révolution : ses attentats, son esprit satanique. — Ses mensongères formules. — Ses massacres. — Beaux exemples donnés par des religieuses. — Pauline de Faillonnet. — Julie durant la tourmente : sa foi, son zèle, son courage, son culte pour le Saint-Sacrements. — L'Eglise constitutionnelle. — Énergie de caractère en Julie.

LIVRE II.

Institution des Sœurs des Ecoles Chrétiennes.

Chapitre I. — Après la Révolution ... 56

Impiété de la secte révolutionnaire. — Ce qu'elle fit contre l'éducation. — Situation générale de la France quant à l'instruction : témoignages non suspects. — Zèle de l'Eglise, depuis sa fondation, pour l'instruction des peuples. — Les ordres enseignants. — Chiffres officiels. — Hontes de la Convention.

Chapitre II. — Premières tentatives de réparation 68

Réaction dans le pays ; retour à des idées plus saines. — Catéchismes, réunions pieuses. — Aveu de Portalis. — Action de Julie dans son pays. — Sa méthode avec les enfants.

Chapitre III. — Prédiction merveilleuse. 75

Incertitudes de Julie Postel. — Saint Dominique, Sainte Angèle Mérici, avertis par des visions. — La petite écolière de Julie : surprenante consolation.

Chapitre IV. — Séjour de Julie Postel à Cherbourg 82

Importance de la vocation, d'après Bourdaloue. — Julie quitte Barfleur (1802). — Rencontre d'un directeur à Cherbourg. — L'abbé Cabart. — Pensées et projets.

Chapitre V. — Première institution de la Congrégation.. 91

Ecole à Cherbourg. — Premières compagnes de Julie. — Encouragements de l'Evêque de Coutances. — Emission des vœux. — Nom de *Marie-Madeleine.* — Ateliers de travail. — Adoration nocturne du Saint-Sacrement.

Chapitre VI. — Séjour à Octeville-la-Venelle. Epreuve de la pauvreté... 99

Combien la pauvreté volontaire est agréable à Dieu et utile à l'âme. — La Communauté naissante quitte Cherbourg. — Déceptions à Octeville. — Peines de toutes sortes.

Chapitre VII. — La Communauté à Tamerville 109

Avantages qu'offrait Tamerville. — Négociations pour une maison à acquérir. —

Lettres touchantes de Julie.—Déménagement des Sœurs. — Installation. — Quelques vocations providentielles.

Chapitre VIII. — Nouvelles tribulations 120

Bienfait des souffrances. — Embarras au sujet de la propriété des Sœurs. Résignation et sainte joie de Julie. — Refuge à Valognes. — Délaissement des protecteurs. — Vues nouvelles de l'abbé Cabart. — Fermeté de la Mère Marie-Madeleine. — Retour à Tamerville. — Pauvreté extrême et humble travail.

LIVRE III.

Etablissement définitif et constitutions de la Congrégation.

Chapitre I. — Julie Postel écrit les règles... 131

Pourquoi la Mère Marie-Madeleine avait différé de les rédiger. Pensées de S. Augustin. — Texte de ces règles pour le but général, l'esprit de l'institut, le détail des journées, la nature des occupations.

Chapitre II. — Observations sur les règles tracées par Julie Postel... 145

Elles enveloppent l'être tout entier. — Ressemblance avec Ste Angèle Mérici fondatrice des Ursulines. — Belle pensée de Montalembert ; la grandeur de l'état religieux. — Règles copiées sur celles des Frères des Écoles Chrétiennes. — La haine des esprits déchus et malades contre l'enseignement chrétien. — L'instruction laïque (*note*).

Chapitre III. — Affermissement de l'institut... 156

Julie est rappelée à l'école communale de Tamerville. — Protecteurs inattendus. — L'école est ouverte en 1816. — Travaux manuels pour la subsistance. — La disette de 1817 : charité et mortification des Sœurs. — Guérison merveilleuse due à la bénédiction de Julie. — Nouvelles écoles en divers lieux. — Manifestation des volontés de DIEU. — Mort de l'abbé Cabart. — L'institut est reconnu par l'État.

Chapitre IV. — L'Abbaye de Saint-Sauveur-le-Vicomte. ... 172

La révolution de 1830 rend aux méchants le pouvoir. — Commencements de persécution. — M. l'abbé Lerenard. — Nécessité d'un local plus grand. — On trouve à Saint-Sauveur-le-Vicomte ce que l'on désirait. Nouvelle vision de Julie. — Nouvelles preuves de sa confiance et de sa fermeté. — Un cantique écrit par elle. — Histoire de l'abbaye de Saint-Sauveur, achetée par les Sœurs. — V. Hugo et les couvents.

Chapitre V. — Le chef-lieu de la Congrégation est enfin fixé ... 185

Premier soin : érection d'une chapelle. — Quatorze religieuses. — Esprit d'expiation pour les crimes de l'impiété révolutionnaire. — Réparation des bâtiments ; ardeur de la communauté, exemple de Julie. — Indulgences obtenues à Rome.

Chapitre VI. — Pensées et maximes de la Mère Marie-Madeleine. 195

Variétés dans l'œuvre apostolique. Cachet particulier de l'œuvre de Julie Postel. — Son détachement. — Son amour pour Dieu. — Sa mortification. — Esprit de sacrifice recommandé aux Sœurs. — Joie sainte de la Mère Marie-Madeleine. Elle repousse tout découragement. — Mépris du monde. Fermeté dans les résolutions.

Chapitre VII. — Direction des Sœurs. 208

Prises d'habit. — Nouvelles écoles. — Pauvreté stricte. — Dégagement des intérêts terrestres. — Les scrupuleuses. — Eloignement des bruits du monde. — M. l'abbé Delamare nommé supérieur. — Il est décidé qu'on écrira les règles et constitutions. — Privilèges que se réserve la pieuse Supérieure, ceux du travail et de la prière. — Relations avec l'Etat.

LIVRE IV.

Derniers travaux de la Très-Honorée Mère.

Chapitre I. — L'intérieur de Saint-Sauveur. 224

Travaux de réparation. — Nouveaux embarras financiers. — Confiance invincible de

Julie Postel. — Secours providentiel. — Démarche pour le prix Monthyon.

Chapitre II. — Succès et développements de l'œuvre 231

Prises d'habit. Perfectionnement des études. — Sagesse de la Supérieure à ce sujet. — Divers essais sont tentés.

Chapitre III. — Epreuves et bénédictions.. 238

Hostilité du conseil municipal. — Destruction d'une partie de l'église par un orage. — La sœur Placide part pour faire des quêtes. — Marie-Amélie et Louis-Philippe. — Le Supérieur-général des Frères des Écoles Chrétiennes. — M. l'abbé Haumet, à Paris. — Première maison de la congrégation établie dans cette ville. — Développement de l'institut. — La charité catholique et les merveilles sur les âmes (*Note*). — Zèle des habitants de Saint-Sauveur.

Chapitre IV. — La Mère Madeleine près de la fin... 252

Guérisons obtenues par ses prières. — Les vertus de Julie Postel : lettre de M. l'abbé d'Aurevilly. — La lecture de S. Augustin.

Chapitre V. — Le couronnement d'une belle vie 262

Douceur de la mort pour les serviteurs de DIEU. — Passages de S. Grégoire-le-Grand et de Massillon. Les forces de la Très-Honorée

Mère diminuent. — Elle se remet un instant. — Rechute. — Elle expire doucement. — Ses obsèques. — Mot de S. Ambroise sur le passage de l'âme à son éternité. — Grâces obtenues au tombeau de Julie.

CONCLUSION 276

Merveille de la charité chrétienne dans les âmes. — Epanouissement de ses œuvres en nos jours troublés. — Haine de leurs ennemis. — Institutions d'éducation catholique en France, de nos jours comme autrefois : coup-d'œil historique. — Lutte des principales congrégations de femme vouée à l'enseignement. — Etat présent des Sœurs de la *Miséricorde des Ecoles Chrétiennes.*

DU MÊME AUTEUR :

Le Bon Ange de la Première Communion. 7e édition. Ouvrage honoré de nombreuses approbations épiscopales; aussi utile aux catéchistes qu'aux enfants.

Très-fort volume in-12 (Paris, Josse éditeur)............ 4 fr.

Le Bon Ange de la Confirmation et de la Persévérance ; complément du précédent. Approuvé par cinq évêques. *Seconde édition* (Paris, Josse, éditeur).......... 2 fr.

Histoire de Ste Angèle Mérici *et de tout l'ordre des Ursulines* depuis sa fondation jusqu'à nos jours.

2 volumes in-8°., avec portrait au burin (Paris, Poussielgue)... 15 fr.

Les Douleurs de la vie, la Mort, le Purgatoire: *Espérance et consolation.* (Traité du *Purgatoire* le plus étendu qu'il y ait en aucune langue).

1 fort vol. in-12 (Paris, Palmé)................... 4 fr.

Répertoire historique du Catéchiste *de Première Communion et de Confirmation* : histoire des trois sacrements de Pénitence, d'Eucharistie et de Confirmation ; recueil de traits historiques sur chacun d'eux.

In-12 (Paris, Bourget-Calas)....................... 2 fr.

Le Guide angélique de la Première Communion et de la Confirmation : *Recueil de méditations, d'exercices et de prières pour ces saints jours;* préparation, action de grâces, résolutions.

In-18 (Paris, Palmé)............................... 1 fr. 50.

SOUS PRESSE.

Histoire de l'Eglise *depuis les apôtres jusqu'au pontificat de Léon XIII.* 7e édition. Ouvrage rédigé pour les séminaires, les familles chrétiennes, les maisons d'éducation catholiques.

Deux beaux volumes in-12, avec titres courants en marge.

www.ingramcontent.com/pod-product-compliance
Lightning Source LLC
Chambersburg PA
CBHW071416150426
43191CB00008B/927